탄력적 습관

탄력적 습관

초판 1쇄 발행 2020년 10월 26일
초판 2쇄 발행 2020년 11월 11일

지은이 스티븐 기즈 / **옮긴이** 김정희

펴낸이 조기흠
편집이사 이홍 / **책임편집** 임지선 / **기획편집** 유소영, 송병규, 정선영, 박단비
마케팅 정재훈, 박태규, 김선영, 홍태형, 배태욱 / **디자인** 어나더페이퍼 / **제작** 박성우, 김정우

펴낸곳 한빛비즈(주) / **주소** 서울시 서대문구 연희로2길 62 4층
전화 02-325-5506 / **팩스** 02-326-1566
등록 2008년 1월 14일 제 25100-2017-000062호

ISBN 979-11-5784-449-4 03190

이 책에 대한 의견이나 오탈자 및 잘못된 내용에 대한 수정 정보는 한빛비즈의 홈페이지나
이메일(hanbitbiz@hanbit.co.kr)로 알려주십시오. 잘못된 책은 구입하신 서점에서 교환해드립니다.
책값은 뒤표지에 표시되어 있습니다.

hanbitbiz.com facebook.com/hanbitbiz post.naver.com/hanbit_biz
youtube.com/한빛비즈 instagram.com/hanbitbiz

당신의 삶에 완벽하게 들어맞는 스마트한 습관법

스티븐 기즈 지음 | 김정희 옮김

탄력적 습관

HB 한빛비즈
Hanbit Biz, Inc.

들어가며

"우리가 지금 하는 일은 영원히 메아리가 되어 남을 것이다."

— 마르쿠스 아우렐리우스 Marcus Aurelius, 로마제국 황제

자신이 바라던 모습 그대로 인생을 살아가는 사람이 얼마나 될까? 아마도 그런 사람은 거의 없을 것이다. 내 의지와 다른 방향으로 인생행로를 트는 것은 그리 드문 일이 아니다. 원래 삶이라는 것이 그렇다. 굽이굽이 휘어지고, 곳곳에 난관이 도사리고, 날벼락 같은 일이 덮치고, 고통스럽다.

이렇게 변화무쌍한 삶에서 가장 든든하게 나를 지지해주는 것이 바로 습관이다. 내가 꾸준히 들인 습관이야말로 다른 누구도 아닌 내 편이 되어준다. 우리는 매일 좋은 습관을 개발하고 몸에 익힘으로써 삶의 주도권을 쥐고 있다는 확신을 얻을 수 있다.

많은 사람이 친구나 가족과 같이 외부로부터 받는 지지가 얼마나 중요한지 잘 알고 있다. 그에 반해 습관을 통해 스스로에 대

한 믿음을 만드는 것, 즉 내적인 지지가 얼마나 중요한지에 대해서는 제대로 알지 못한다. 누구나 부러워할 만큼 외적인 지지를 받으면서도, 내적인 지지가 부족해 절망에 빠지는 사람들이 많다.

아무리 당신을 사랑한다 하더라도 당신을 위해 삶을 대신 살아줄 수 있는 사람은 없다.

건강하게 자리 잡은 습관이 있다면 힘든 시기에도 우리는 쉽게 안정을 되찾을 수 있다. 또 외부 조건에 휘둘리지 않고 독자적인 길을 걸어갈 수 있다. 습관은 우리가 매일 귀찮음이나 무기력과 싸워 이룬 작은 승리의 결과물이다. 그렇기에 마음이 괴로울 때는 그 정도의 승리로도 충분한 위로를 받을 수 있다. 하지만 이렇게 좋은 습관들로 다져놓은 내적 토대가 없다면 어떨까? 삶에 위기가 닥쳤을 때 우리는 나쁜 습관에 빠져 삶을 망치기 쉽다.

좋은 습관은 힘든 시기에 우리가 기운을 되찾도록 돕는 반면, 나쁜 습관은 부정적인 악순환의 고리에 더 깊이 휘말리게 한다. 이것은 중요한 문제다. 습관은 우리 삶에서 가장 큰 레버리지 효과를 일으키는 중요한 도구이다. 그리고 우리는 어떤 습관을 갖출지 우리의 의지로 선택할 수 있다.

작은 습관, 그 이상의 습관

나는 2013년에 첫 책《습관의 재발견Mini Habits》을 쓰고 나서,

이 책에서 다룬 습관 형성 전략이 크게 성공할 것이라고 확신했다. 이 책은 지금까지 21개 언어로 번역되며 세계적인 베스트셀러로 사랑받고 있다.

'작은 습관' 전략은 세계 수많은 사람들의 삶을 바꿔놓았다. 그리고 몇 년이 지난 지금, 새로운 책에서 다룰 전략은 '작은 습관' 전략보다 한 수 위다. 두 번째로 쓴 책이라서 그렇다는 게 아니다. '탄력적 습관'은 습관 형성 측면에서 작은 습관을 훌쩍 뛰어넘는 진일보한 전략이다. 더 획기적이어서가 아니라 (그렇기는 하지만) 전략적으로 완벽하기 때문이라고 감히 말할 수 있다.

당신은 이 책에서 생소한 아이디어, 물리적 도구, 전략들을 마주할 것이다. 탄력적 습관은 단순히 작은 습관의 업그레이드 버전이 아니다. 습관에 대한 인식 자체를 바꾼다. 탄력적 습관은 작은 습관에서 입증된 이점들은 그대로 가져오되, 거기에 탄력성이라는 슈퍼파워를 더했다.

새로운 전략을 들려줄 생각에 몹시 흥분되지만, 먼저 이 전략을 충분히 검증하기 위해 내가 했던 실험 이야기를 해보자.

이 전략이 슬럼프에서도 나를 구해줄까?

어릴 때부터 일에 대한 내 생각은 "일은 질색이야. 그냥 영화나 볼래" 하는 쪽으로 스펙트럼의 한 극단에 치우쳐 있었다. 타고난 본성인지, 비디오게임에 빠져서 자라온 탓인지 모르겠지만 (나를 키운 건 8할이 슈팅게임 '헤일로3'였다) 그냥 일이라면 질색이었다. 심지어 성인이 된 지금도 내 근면함은 기껏해야 보통 사람 수준이다. 하지만 나는 그 부족분을 최상의 전략으로 보충한다. 승리를 위한 전략을 잘 갖추기만 한다면, 크게 성공할 잠재력을 타고난 사람이든 아니면 나처럼 게으른 사람이든, 모두 동등하게 도움을 받을 수 있다. 뛰어난 전략은 어떤 수준의 사람에게도 맞춰 적용할 수 있다. 이 책에서 설명하고자 하는 전략은 에베레스트산 정상에 있는 사람이든, 산 아래에 있는 사람이든 혹은 그 사이 어딘가에 있는 사람이든, 누구에게나 도움이 될 수 있다.

고등학교를 졸업할 무렵, 나는 무언가 내 인생에 도움이 될 만한 일을 해야겠다고 생각했다. 하지만 막상 닥치고 보니 그 과정에서 비롯되는 내적 갈등이 이만저만 성가신 게 아니었다. 게으른 천성에 나쁜 습관까지 장착한 나는 나 자신한테 도움이 될 만한 일을 하는 데도 안간힘을 써야 했다. 십대 시절 내 몸은 스스로 부여한 과업이 나에게 돌이킬 수 없는 해라도 끼칠 것처럼 생산성에 저항했다. 그에 비해 더 나은 사람이 되고 싶다는 열망은 그것을 실현시켜줄 실천 능력보다 한 수 위였다. 나는 항상 높은 이상과 낮은 의지 사이의 부조화로 인해 엄청난 좌절과 불안을 맛봐야 했다. 나에게는 돌파구가 필요했다.

맨 처음 맞닥뜨린 조언은 '동기를 부여해라'와 '일단 해라'였다. 다소 전형적인 이 조언들은 나에게 그다지 효과가 없었다. 어떤 목표에서 유의미한 성과를 내기 전에 나는 그만둘 핑계를 어떻게든 기가 막히게 찾아냈다. 핑계 대기야말로 내가 제대로 쓸 줄 아는 유일한 기술인 듯했다. 나한테 필요한 게 무엇인지는 알았지만 나 자신에게 그걸 하게 만들 수가 없었다. 나에게는 여전히 답이 필요했다.

그런 식으로 거의 10년 넘게 제자리걸음을 하다가 우연히 '작은 습관'이라는 아이디어가 떠올랐다. 이 아이디어는 그야말로 터닝포인트였다. 내 행동과 삶은 이전과 완전히 달라졌다. 마침내 내가 원하는 곳에 나를 데려다줄 전략을 찾아낸 것이다. 나는 이 전략으로 목표 달성에 성공한 뒤, 다른 사람들에게도 이 전략을 알려주기 위해 격앙된 기분으로《습관의 재발견》을 썼다.

책을 쓴 지 5년이 지났을 때, 새로운 아이디어가 떠올랐다. 작은 습관 전략으로 그동안 잘 해왔지만, 어느 날 문득 왜 하루의 목표가 늘 같아야 하는지 의문이 들었다. '하루 치 목표를 그날의 상황에 맞게 바꾸면 안 될 이유가 있나?' 나는 이 아이디어를 더 깊이 파고들어 보고 싶었다. 하지만 문제가 있었다.

나는 이미 작은 습관 전략으로 좋은 습관들을 내 것으로 만들었고, 한때는 하기 힘들었던 일들도 이제는 아무런 무리 없이 할 수 있게 되었다. 이런 게 바로 습관의 힘 아니겠는가! 하지만 나는 이 새로운 전략이 심지어 내가 바닥을 치고 있을 때조차 도움을 줄 수 있을지 시험해보고 싶었다. 그러려면 내 멀쩡한 삶을 제대로 망가뜨려야 했다.

남들이 야심 찬 새해 목표를 세우는 동안, 나는 정반대의 결심을 했다. 새해 첫 한 달 반 동안 의도적으로 삶을 망가뜨린 다음, 화산을 뚫고 솟구치는 한 마리 용처럼, 나락에서 멋지게 비상할 계획이었다. 나는 그 기간을 "슬럼프"라고 불렀다. 계획은 성공이었다. 좋은 습관이든 나쁜 습관이든, 한두 달만 게을리해도 습관은 휴면기에 접어든다. 내 경우에는 확실히 그랬다.

끔찍했던 45일

운동을 중단했다. 몸에 해로운 음식을 먹었다. 평소보다 술을 더 많이 마셨다. 근처 카지노에 드나들며 밤늦게까지 도박을 했다. 대부분의 시간을 소파에 누워 TV를 보며 지냈다. 어느 모로 보나 내가 원하는 삶과는 정반대로 살았다. 생겨나는 갈망을 마음껏 채웠고, 나 자신을 위한 투자다 싶으면 일절 거부했다.

정신적인 타격이 심했다. 예상했던 것보다 훨씬 안 좋았다. 실험을 시작한 지 얼마 되지도 않았는데 예전에 내가 얼마나 한심한 인간이었는지와 같은 끔찍한 생각이 머릿속을 떠나지 않았다. 이것이 내가 스스로 의도한 한시적인 실험이라는 것을 결코 모르지 않았지만, 그런 건 중요하지 않았다. 행동의 힘은 굉장하다. 어떤 행동을 많이 하면 할수록 그 행동이 당신을 정의한다.

겨우 3주가 지나자 패배감이 밀려왔다. 슬럼프가 내 영혼을 집어삼켰다. 얼마나 많은 사람이 이런 상황에 빠져 있을지 생각하니 마음이 아팠다. 한번 기세가 꺾이면 나락으로 떨어지는 것은 순식간이다.

내가 겪은 신체적인 변화는 이러했다. 몸무게가 4.5킬로그램 정도 늘었다. 한 달은 고사하고 평생 한 번도 경험하지 못했던 체중 변화였다. 잠을 잘 수 없었다. 소파에서 형편없는 자세로 오랜 시간을 보내다 보니 늘 허리가 뻐근하고 경련이 났다. 긴장성 두통으로 몸이 쇠약해져 응급 치료를 세 번 받았다.

무엇보다 놀라운 것은 난생처음 겪어보는 스트레스의 강도였다. 양쪽 눈꺼풀이 쉬지 않고 떨렸다. 아무것도 하지 않는 삶은 극심한 스트레스를 불러일으켰다. 실험을 계속하다가는 내가 죽고 말 것 같았다. 활동 부족, 수면 부족, 영양 부족으로 뇌와 몸이 세포 단위에서부터 활력을 잃어가는 게 느껴졌다.

나는 무기력하고, 우울하고, 병약한 사람이 되기 위해 일부러 '슬럼프에 빠졌다.' 임무 완수다. 나는 정서적으로나 신체적으로나 상태가 안 좋았다. 그건 털끝만큼도 재미있지 않았다.

한 달 넘게 소파에서 지내고 나니 가벼운 운동도 벅찼다. 우리가 주저앉는 게 늘 의욕 부족 때문만은 아니다. 희망과 신념이 없거나 자신감이 없기 때문일 때가 많다. 자신감이 없다면 우리는 가만히 있어도 에너지가 소진되고, 무언가를 할 수 없도록 스스로를 납득시킨다. 이 슬럼프가 끝났을 때 과연 내가 다시 운동을 할 수 있을지 확신이 서지 않았다.

나는 이 실험을 통해 변화가 절실한 사람들이 변화를 힘들어하는 이유를 확실히 깨달았다. 실험이 끝난 뒤에도 변화의 무게에 짓눌려 나에게 달라질 능력이 없다고 느꼈다. 너무 멀리까지 와버린 건 아닌지 진심으로 의문이었다. 성장은 고사하고, 이전의 내 모습을 되찾기 위해 반드시 해야만 하는 그 모든 일의 무게가 어깨를 짓누르고 있었다.

꾸며낸 이야기라고 생각할지 모르지만 실제로 나에게 벌어진 일이다. 나에게는 집 안에 틀어박힐 자유가 있었고, 그 결과 나는 자기파괴에 가까울 정도로 나 자신을 놓아버렸다. 나쁜 습관은 좋은 습관과 마찬가지로 일상에 지대한 영향을 미친다. 영향을 미치는 방식도 대체로 비슷하다. 단지 그 방향이 나쁜 쪽일 뿐이다. 나는 나 자신의 껍데기에 불과했고, 모든 의미에서 나약했다.

완전한 회복

실험의 결과부터 말하자면, 나는 이 책에서 다룰 전략과 도구를 활용해 성공적으로 슬럼프에서 벗어났다. 습관에 탄력성을 부여한 덕분에 천천히 내 부러진 날개가 치유되었다. 탄력성은 언제든 내가 있는 힘껏 날아오를 기회를 만들어주었다. 내 잠재력을 얕보지 않을 정도의 목표와, 드물지만 영감을 불러일으키는 목표들 사이의 조합으로 나를 떠받쳐주었다.

나는 심지어 내가 원하는 만큼 높이 날지 못할 때조차 그날의 목표를 달성했다. 이런 식으로 승리 경험이 쌓이기 시작하자 원래 내가 있던 자리, 슬럼프가 시작되기 전의 상태, 내가 어떤 사람이었는지가 기억나기 시작했다.

이 슬럼프는 나에게 타격을 입혔지만 덕분에 당신과 공유하려는 이 전략의 효과가 얼마나 대단한지 확인할 수 있었다. 나는 성공적으로 슬럼프에서 벗어났을 뿐 아니라, 계획을 실천한 지 두 달 만에 5년 동안 작은 습관 전략으로 이룬 성과들이 무색할 정도의 성취를 이뤘다. 나는 탄력적 습관 전략으로 그 어느 때보다 높이 날아올랐다. 이제 당신 차례다.

활공하는 새가 되어라

우리는 개인의 성장에 관해 잘못된 가정을 해왔다. 중요한 성취를 이루기 위해 동기를 부여하는 것은 온전히 스스로의 몫이라고 믿었다. 우리는 성공이 영웅적인 노력의 결과라고 가정하지만, 활공하는 새를 보고 그런 말을 하는 사람은 없다.

대부분의 새는 날개를 펄럭일 때 생기는 양력揚力을 이용해 비행 상태를 유지한다. 하지만 몇몇 새들은 그것보다 나은 방법을 안다. 이 새들은 날갯짓을 하는 대신 날개를 쭉 뻗은 상태로 공중에 떠 있고 심지어 더 높이 날아오를 수도 있다. 당신도 아마 갈매기나 매, 사다새, 수리, 대머리수리 같은 새들이 이렇게 비행하는 모습을 본 적 있을 것이다. 이 새들은 두 가지 자연적 현상, 즉 상승온난기류thermals와 상승기류updrafts를 이용해 비행한다.

상승기류는 대기 중에서 위로 올라가는 공기의 흐름인데, 골짜기와 골짜기 사이의 능선에서 흔히 발생한다. 바람이 능선 측면에 부딪히면 공기는 위쪽으로밖에 갈 곳이 없다. 이때 새가 그 상승기류에 편승하면 밑에서 양 날개를 떠받쳐주는 공기층의 힘 덕분에 힘들이지 않고 비행 상태를 유지하거나 심지어 더 높이 올라갈 수 있다.

상승온난기류는 주위의 공기보다 약 2도 혹은 그 이상으로 따뜻한 공기주머니다. 따뜻한 공기가 위쪽으로 올라가면서 기둥을 이루는 것이 바로 상승온난기류다. 이 상승온난기류 역시 새의 활공을 돕는다.

당신이 우연히 날갯짓을 하지 않고 빙 둘러 선회하는 패턴으로 나는 새를 봤다면 백발백중 그 새는 상승온난기류를 탄 것이다. 상승온난기류를 만난 새는 공기기둥을 타고 돌면서 힘들이지 않고 더 높이 날아오를 수 있다. 새를 보호하는 비영리단체 오듀본Audubon 협회는 "대머리수리나 그밖에 모든 맹금이 상승온난기류를 타려면 최적의 위치에 몸을 정확히 위치시켜야만 날갯짓으로 에너지를 소진하지 않고도 날아오를 수 있다"고 지적했다.[1]

최소한의 날갯짓으로 많은 에너지를 아끼며 비행하는 영리한 이 비행꾼들이야말로 내가 추구하는 부류다.

일종의 무동력 비행기인 행글라이더 역시 상승기류를 이용하면 고도를 높이고, 공중에 떠 있으며, 심지어 이동도 할 수 있다! 행글라이더의 장거리 비행 세계 기록은 24시간이다. 엔진이 없는 (게다가 화장실도 없는) 무동력 비행기라는 점을 고려하면 정말 대단한 기록이다. 이런 게 바로 상승기류의 힘이다!

지금껏 우리는 당연히 그래야만 하는 것처럼, 지칠 때까지 날개를 펄럭이려고 애써왔다. 하지만 생애 최고의 상승온난기류와 상승기류를 찾았다면 어떻게 할 텐가? 활공하는 새처럼 최적의 위치를 점하는 법을 배우면 당신은 더 적은 노력으로 더 높은 곳까지 날아오를 수 있다.

자, 그럼 시작해보자. 이 책은 매처럼 빠르게 읽을 수 있다.

차례

당신의 습관에 엄격함 대신 자유를 부여하라

탄력성과 유연성

동기부여: 선택의 자유로 돌파구 만들기

전략 설계: 승리할 수밖에 없는 전략 설계하기

실천: 탄력적 습관 완전정복

1부

당신의 습관에 엄격함 대신 자유를 부여하라

ELASTIC HABITS

자유는 값을 따질 수 없고, 언제나 더 나은 길이다.
절대로 눈앞의 이익을 얻으려고 자유를 희생하지 마라.

1장

목표에도 탄력성이 필요한 이유

"물이 일정한 형태를 유지하지 않듯, 전쟁터에서 일정한 조건이란 없다. 적에 따라 전략을 수정해 승리를 이끄는 사람이야말로 하늘이 내린 장수라 할 만하다."

— 손자 孫子

다음 세 가지 슈퍼파워 중에 하나를 고르라면, 당신은 어떤 걸 고르겠는가?

1. 하늘을 나는 능력
2. 일주일 앞을 내다보는 능력
3. 하루에 한 가지 기술을 터득하는 능력

모든 능력들이 우열을 가리기 어려울 만큼 탐나지만, 나는 이 질문을 받고, 보기에 없는 네 번째 선택지를 떠올렸다. 바로 매일 상황에 따라 셋 중 하나를 번갈아서 얻을 수 있는 선택지를 말이다. 당신 생각도 그렇지 않은가?

객관적으로도 운신의 폭이 있는 답을 고르는 게 훨씬 똑똑한 선택이다. 심지어 당신이 매일 똑같은 능력을 고른다 해도, 다른 선택지가 있다고 해서 손해 볼 것은 없다. 도움이 됐으면 됐지 해가 되진 않는다.

그때그때 상황에 맞게 하늘을 나는 능력, 미래를 내다보는 능력, 새로운 기술을 터득하는 능력을 입맛대로 고를 수 있다면 얼마나 좋을까? 아쉽게도 이 책에서 그런 특별한 슈퍼파워를 다루지는 않는다. 대신에 '유연성'이라는 검증된 슈퍼파워를 다룬다. 탄력적 습관과 목표. 이것만 있으면 당신은 어떤 상황에서도 당신의 잠재력을 극대화할 수 있다. 매일 그날의 목표를 달성하는 것은 물론이고, 당신이 하고자 하는 일이나 필요에 따라 다른 목표들도 너끈히 해낼 수 있다.

대부분의 전략은 성공을 위해 끊임없이 엄청난 노력을 쏟아부을 것을 요구한다. 하지만 이 유연성 전략은 당신이 쓰러졌을 때에도 아무런 비난 없이 도움의 손길을 내밀고, 완전히 회복되어 다시 시작할 준비가 되면 더 높이 밀어 올려줄 것이다. 다른 전략들이 당신의 행동을 통제하는 것과 다르게, 이 전략은 당신과 함께 그리고 당신을 위해 일할 것이다.

여기까지 내 얘기가 그럴듯하게 들린다면, 당신은 제대로 된 책을 읽고 있는 것이다. 도무지 낙관적으로 들리지 않는다면, 이해한다. 충분히 회의적으로 받아들일 수 있다. 그래도 내 얘기를 좀 더 들어주기 바란다. 이것은 내가 지금껏 시도해본 최고의 자기 계발 전략이자 습관 형성 전략이다.

매일 작은 목표들을 하나씩 실천해나가는 '작은 습관' 전략은 많은 사람들에게 가장 효과적인 습관 형성 전략으로 인정받았고, 하나의 표준으로 자리매김했다. 하지만 그것은 더욱 광범위하고 효과적인 전략의 일부다. 그곳으로부터 당신은 한 발 더 나아갈 수 있다.

삶은 원래 역동적이다

유명한 로맨틱 코미디 영화 〈사랑의 블랙홀Groundhog Day〉(1993)의 주인공 필 코너는 우연히 타임루프에 빠지면서 매일 똑같은 하루를 맞이하게 된다. 그는 사람들을 괴롭히며 악동처럼 지내다가, 사랑에 빠지면서 자신이 처한 상황을 겸허히 받아들이고 위기에 빠진 사람들을 도우며 점점 더 좋은 사람으로 변해간다.

이런 이야기를 보고 나라면 어땠을까 상상해본 적 있는가? 누구나 더 나은 삶을 살고 싶은 열망이 있기에, 하루를 망치거나 나쁜 일을 겪으면 시간을 되돌리고 싶다는 생각을 하곤 한다. 그날 어떤 일이 벌어질지 미리 알 수 있다면 닥쳐올 위험을 피하면서 더 멋진 하루를 살 수 있기 때문이다.

하지만 아쉽게도 현실에서는 필 코너처럼 같은 날을 다시 살 수 없다. 수명이 일흔이라면 우리가 살게 될 삶은 각기 다른 2만

5,550일로 이루어질 것이다. 끊임없이 변한다는 말보다 우리 삶을 더 잘 묘사하는 표현은 없다. 매초, 매분, 매시간, 매일이 서로 다르게 흐른다. 바다와 마찬가지로 우리 삶은,

- (파도가 높이 솟구쳤다 아래로 떨어지듯이) 갑작스러운 상승과 하강이 있다.
- (바다의 밀물과 썰물 때처럼) 흥하는 시기와 쇠하는 시기가 있다.
- (바다의 해류와 역류, 이안류, 수면조류, 심층류처럼) 시간의 여러 단계에 걸쳐 긍정적인 시기와 부정적인 시기가 있다.
- (느닷없이 출몰하는 식스길 상어처럼) 날벼락 같은 일이 생긴다.

바다를 이루는 물처럼, 삶은 수많은 방식으로 끊임없이 요동친다. 패턴은 있으나 완벽하게 예측하기가 불가능해서 우리를 놀라게 할 때가 많다. 단기적으로든 장기적으로든 그런 삶에서 성공하려면 어디로 튈지 모르는 변화무쌍한 환경에 맞추어 유연하게 대처해나가는 수밖에 없다. 예측할 수 없다고 해서 부딪쳐 보려는 시도조차 하지 않는 것은 부끄러운 일이다.

우리는 너무나 오랫동안 우리가 직면한 조건이 어떻게 달라지는지와 상관없이, 똑같은 노력을 반복하면서 정해놓은 목표를 달성하려고 애써왔다. 그것이 투지이자 끈기이며 용기라고, 그렇게 해야 성공하는 습관을 만들 수 있다고 믿어왔다. 하지만 과거에 정한 아이디어를 끝까지 고수하는 것이 얼마나 어리석은 일인지 다음의 예만 봐도 쉽게 알 수 있다.

상황이 달라지면 목표도 바뀌어야 하는 이유

이렇게 상상해보자. 당신은 지금 바닷물 속에 있다. 신나게 첨벙거리며 놀다가 문득 물속에 식스길 상어들이 어슬렁거릴지 모른다는 데에 생각이 미친다. 어이쿠. 당신은 빨리 물 밖으로 나가야겠다고 생각한다.

해변까지 가야 하는데, 다른 사람들이 당신을 보고 있을지 모르니 아름다운 접영 스트로크를 뽐낼 절호의 기회다. 멋진 자세로 헤엄친 지 얼마나 지났을까. 휘젓던 팔을 멈추고 눈가에 물을 쓱 훔쳐낸 다음 해변으로 눈길을 돌린다. 순간 멈칫. 이게 뭐야? 해변에 개미들이 바글거리네? 아뿔싸. 개미가 아니라 사람들이다! 그제야 당신은 깨닫는다. 여울에 갇혀 해변에서 점점 멀어지고 있다는 사실을.

그런데도 당신은 '용감하고, 끈질기고, 강하니까' 가장 멋지지만 제일 힘든 접영 스트로크로 해변까지 가기로 했던 원래 계획을 밀어붙인다. 해류를 거슬러 안간힘을 쓰는 동안 당신의 근육은 빠르게 지쳐가고 호흡은 가빠진다. 바다는 가차 없이 당신을 내몰고, 해변은 조금도 가까워지지 않는다. 세게, 더 세게 팔을 저어보지만 의식이 점점 흐릿해진다. 몸이 점점 물에 잠긴다.

중요한 교훈이 담긴 (다행히도 꾸며낸) 슬픈 이야기다. 여울에 갇혔다는 걸 깨달은 순간, 당신의 목표는 '멋지게 보이기'에서 '생존하기'로 바뀌어야 한다. 상황이 달라지고 목표가 바뀌면 새로운 전략이 필요하다.

여울 또는 이안류라고 하는 해류는 해안에서 바다 쪽으로 급격하게 흐르는 좁고 강한 물살이다. 여울에 갇히면 목숨을 잃기 쉽다. 보통 위에서 묘사한 상황이 전개되기 때문이다.

하지만 침착하게 전략만 제대로 세운다면 여울을 벗어날 방법은 많다. 가장 좋은 방법은 해안선과 평행하게 헤엄쳐 여울을 빠져나온 다음 거기서 육지로 향하는 것이다. 이 전략은 삶에 대한 비유로도 맞춤이다. '옆으로' 헤엄치는 것이 당장은 진척이 없어 보일지 몰라도, 때로는 전진하기 위해 꼭 필요한 과정이기 때문이다. 또 하나의 방법은 그 자리에서 긴장을 풀고 물살에 몸을 맡겨 여울이 소멸되는 지점까지 밀려갔다가 육지를 향해 헤엄치면서 도움을 청하는 것이다. 여울에 빠졌을 때는 고집스럽게 여울을 가로질러 헤엄치려 해서는 안 된다. 그러다가 지쳐버리는 것이야말로 당신에게 닥칠 수 있는 가장 큰 위험이다.

우리의 뇌는 이미 놀라운 해결사다

인간은 환경에 적응하는 놀라운 능력을 갖고 있다. 그 덕분에 다양한 조건 속에서 성공을 이뤄내기에 더없이 적합한 존재다. 우리는 실시간으로 문제를 해결하는 놀라운 해결사들이다. 하지만 여기에는 한 가지 중요한 전제가 있다. 성공적으로 적응하기 위해서는 우선 스스로 잘 적응할 수 있는 조건을 만들어야 한다.

기존에 통용되어온 습관 전략의 약 99.9947퍼센트는 고정불변의 목표를 세우도록 하고 있다. 그런 전략들은 정해진 몇 가지

조건을 달성하기 위해 무조건 최선을 다하라고 요구한다. 당신 삶의 고유한 특성은 고려되지 않는다. 시시각각 변하는 삶의 조건에 따라 융통성을 발휘할 여지도 없다. 이런 전략은 당신이 아프거나 다쳤거나 지쳤거나 하루를 꼬박 투자해야 하는 일생일대의 기회가 왔을 때 무용지물이 된다.

지적이고 역동적인 정신을 가진 인간에게 독자적인 기준으로 상황에 따라 융통성 있게 대처할 여지를 주지 않고 무언가를 강요하는 건 인간의 특성에 반하는 일이다. 당신은 그 어떤 '만능' 프로그램보다 자신의 삶과 능력, 한계를 실시간으로 더 잘 파악할 수 있다. 따라서 제아무리 뛰어나고 엄격한 전략이 당신의 삶에 2주 이상 효과를 발휘한다 하더라도, 결국 당신은 정해진 규칙을 따르지 않고 당신의 놀라운 정신을 자유롭게 풀어주기 위해 저항할 것이다.

여기서 핵심은 우리가 하는 모든 행동을 의식적으로 결정해야 한다는 게 아니다. 우리 자신에게 상황에 따라 목표를 바꿀 자유를 주자는 것이다. 습관 형성을 위해 목표를 마음대로 올리거나 내리거나 심지어 옆으로 옮길 자유가 있으면 몇 년이고 목표 달성을 이어갈 수 있고, 어떤 상황에 놓이던 주어진 조건을 최대한 활용할 수 있다. 당신의 습관은 당신과 당신이 처한 상황에 따라 바뀌기 때문에 무언가에 갇힌 듯한 기분은 결코 느끼지 않을 것이다.

우리는 습관과 목표를 위해 '최적점'을 찾아야 한다고 가정해왔다. 너무 쉽지도 않고 어렵지도 않으면서 보상이 충분한 지점을 찾아야 한다고 말이다. 하지만 그 최적점은 매일 달라진다. 당신이 보내는 하루의 기복을 생각해봐라. 어떤 순간에는 마치 세계를 정복한 기분이다. 하지만 또 다른 순간에는 생존 그 자체가 성취로 느껴진다. 우리가 살면서 마주치는 수많은 상황을 만족시키는 단 하나의 목표는 없다.

1장을 마무리하며

삶은 유동적이고 변화무쌍하다. 그런데 왜 걸핏하면 망치는 엄격한 습관을 들여야 하는가? 틀림없이 더 나은 방법이 있다.

2장

자유는 구속보다 힘이 세다

"잠깐의 안위를 위해 자유를 포기할 수 있는 사람은 자유와 안위를 모두 누릴 자격이 없다."

— 벤저민 프랭클린 Benjamin Franklin

규율은 자기관리가 아니다.

우리는 어린 시절 부모님과 선생님을 비롯한 어른들로부터 규율에 따르라고 배운다. 규율을 잘 따르지 않으면 벌을 받고, 잘 따르면 상을 받는다. 이렇게 자라다 보면 어떤 결과를 얻기 위해서는 자신의 행동을 통제해야 한다고 생각하게 된다. 하지만 이렇게 습득한 규율은 내부에서 우러난 것(자기관리)이 아니라 외부에서 동기를 부여받는 것(규율)이다. 어떤 사람은 규율을 자기관리로 내면화하기도 하지만 모두가 그런 것은 아니다.

규율은 외적인 처벌과 보상에 기초한다. 자기관리는 자유와 실행에 기초한다.

자기관리가 지속되려면 선택의 자유가 필요하다

규율과 자기관리는 비슷해 보이지만 본질적으로는 완전히 다른 개념이다. 규율은 다른 사람이 우리 행동을 통제하기 위해 우리에게 따르게 하는 것이다. 반면 자기관리는 자기가 바라는 사람이 되기 위해 스스로 삶을 통제하고 실행하는 것이다.[2]

자기관리는 일종의 기술이다. 하지만 자기관리가 지속되려면 선택의 자유가 필요하다. 이상하게 들리겠지만, 자기 자신에게 억지로 자기관리를 시킬 수는 없다. 왜일까? 자기관리를 지속시키는 기술은 없고, 오직 그걸 그만둘 선택권만 있기 때문이다.

그렇다. 가끔 억지로 자기관리를 할 때도 있다. 하지만 자기관리는 한 번으로 끝나는 선택이 아니라 연습을 통해 꾸준히 습득해야 하는 기술이다. 기타 줄을 한 번 튕겼다고 기타 연주자가 되는 게 아니듯이, 굳은 의지로 초콜릿을 한 번 먹지 않았다고, 또는 헬스장에 한 번 다녀왔다고 자기관리가 되는 게 아니다.

지금까지 소개했던 인생, 목표, 자유, 규율, 자기관리에 대한 내용을 종합해보면, 왜 그렇게 많은 사람이 자신의 행동을 통제하려고 애쓰는지 이해할 수 있다. 당신은 다음 설명에 얼마나 동의하는가.

1. 삶은 예측 불가능하다. 좋은 일과 나쁜 일이 끊임없이 반복된다.
2. 역동적인 인간의 뇌는 삶의 변화에 즉흥적으로 대처할 능력이 있다.
3. 대부분의 목표와 전략 시스템은 엄격하고 융통성이 없으며 삶의 본질에

대한 이해가 부족하다. 이런 목표와 시스템은 무한한 잠재력을 지닌 우리 뇌에 한계를 지워준다.

4. 규율은 다른 사람이 우리 행동을 통제하기 위해 만든 것이다.
5. 자기관리는 우리가 되고 싶어 하는 사람이 되게 해주는 방법이다.

어떤가? 뭐가 문제인지 보이는가?

사람들은 외적인 규율에 맞춰 자신을 바꾸고 삶을 개선하려 한다. 하지만 진정한 변화는 자기관리로부터 시작되고, 자기관리는 개인에게 자유와 자율권이 주어져야 가능하다. 따라서 우리가 진정한 변화를 일으키려면 누구나 아는 전형적인 접근법이 아니라 정반대의 접근법이 필요하다.

- 엄격한 목표(예를 들어, 매일 팔굽혀펴기 100번 하기)를 정하는 대신, 좀 더 융통성 있는 목표를 세울 수 있다.
- 기대치와 위험도를 높이는(예를 들어, '무슨 일이 있어도 이걸 해야 해. 변명 따윈 필요 없어') 대신, 상황에 따라 기대치와 위험도를 조정할 수 있다.
- 한번 정한 목표를 이루지 못하면 자신을 처벌하는(예를 들어, '이걸 하지 않으면 난 실패자야. 부끄러운 줄 알아야 해') 대신, 조금이라도 진전이 있으면 스스로를 격려한다. 그러면 우리를 주눅 들게 하는 수치심을 없앨 수 있다.

자기 자신의 노예가 되지 마라

때로는 스스로에게 좋은 일을 하도록 강요하는 것도 나쁘지 않다. 하지만 늘 그런 식이라면 자신이 삶의 주인이 아니라 계획의 노예가 된 기분을 느끼기 십상이다. 이것은 자기관리가 작동하는 메커니즘을 착각한 결과다.

무언가를 몇 주, 몇 달 혹은 몇 년 동안 계속하고 싶다면 그 일을 좋아하고 중요하게 생각해야 한다. 자신이 정한 목표의 노예가 된 듯한 기분을 느끼는 일은 없어야 한다. 자신이 주인이 된 기분이어야 하고, 또한 진짜로 주인이어야 한다. 자기관리를 제대로 하고 있다면 자신이 자유롭다고 느낄 것이다.

우리가 최고의 삶을 살지 못하는 것은 운명 탓이 아니다. 우리 스스로가 그런 선택을 하기 때문이다. 자신의 자유를 당장의 결과와 맞바꾼다면 결국에는 다시 결과를 내놓고 자유를 찾아와야 한다. 우리에게는 자유가 그 무엇보다 중요하기 때문이다. 하지만 처음부터 자유의지에 따라 행동하는 사람은 그 행동을 멈출 이유가 없다. 요컨대, 자유에서 나온 행동은 억지로 하는 행동보다 강력하고 효과적이다.

자유의 힘을 제대로만 이용한다면 우리는 더 큰 힘을 발휘할 수 있다.

자유에도 전략이 필요하다

자유의 힘이 그렇게 강력하다면 습관 형성과 목표 추구에서 자유는 어떤 역할을 할까?

자유로워서 안 좋았던 적이 있을까

누군가 슬럼프에 빠진 나를 봤다면 이렇게 말했을지 모른다. "무한정 자유를 얻으면 삶이 엉망이 되는군!" 하지만 그건 자유가 아니었다. 나는 좋은 습관들을 금지당했기 때문에 결과적으로 방탕한 삶의 노예가 됐다. 그건 외부적인 규율과 마찬가지의 족쇄였다.

자유는 톱과 같아서 멋진 캐비닛을 만들 수도 있지만 자칫 손가락을 자를 수도 있다. 캐비닛이 만들어질지 손가락이 잘릴지는 당신의 기술과 전략에 달려 있다. 우리에게는 손가락을 온전히 지키면서 톱을 사용할 체계적인 방법이 필요하다.

자유는 너무나 강력해서 반드시 연습이 필요하다. 무한한 능력과 절대적인 자유가 주어진다면 우리 대부분은 당연히 자기 자신을 위해 그걸 쓸 것이다. 자유는 우리에게 힘을 주고, 연습은 우리에게 기술을 준다. 이 책은 당신에게 매일 안전하게 자유를 연습할 시스템과 전략을 알려줄 것이다.

자유는 우리가 실제로 어떤 사람인지를 또렷이 드러내기 때문에 우리를 두렵게 한다. 예를 들어, 마음껏 먹을 자유가 있으면 어떤 사람은 폭식을 하는 반면, 어떤 사람은 체중이 늘지 않게 식단을 조절한다. 하지만《습관의 재발견: 다이어트, 체중감량을 위한 사소한 습관Mini Habits for Weight Loss》에서 폭넓게 다루었듯이,

다이어트를 하는 사람들이 오히려 다이어트를 하지 않는 사람들보다 폭식을 더 많이 하고 살도 더 많이 찐다는 것은 수많은 연구로 입증된 사실이다. 놀랍다고? 다이어트를 하는 사람들이 자기가 선택한 식단의 노예라는 사실을 감안하면 전혀 놀랍지 않다. 노예들이 하는 일이 뭔가? 바로 반란이다.

다음 장에서는 탄력성에 대해 알아볼 것이다. 그것이 어떻게 당신에게 자유를 주고, 당신의 삶에 맞는 습관을 자연스럽게 만들어주는지 살펴볼 것이다. 그러면 좋은 습관을 기르고 목표를 이루는 방법이 달라질 것이다.

2장을 마무리하며

인간은 자기만의 방식대로 살아갈 자유를 갈망한다. 어떤 사람들은 일시적인 결과(예컨대 체중 감량)를 위해 자유를 내놓는다. 하지만 가장 멀리 뛰어오르고 싶다면, 긍정적인 변화들을 지속시키고 싶다면, 자신의 자유를 지키며 그것을 성공의 지렛대로 이용해야 한다.

2부

탄력성과 유연성

ELASTIC HABITS

뿌리 하나가 죽으면 다른 뿌리들이 힘을 보탠다.
유연성이야말로 궁극의 힘이다.

3장

유연한 것이 강하다

"물은 유연하고, 부드럽고, 잘 휘어진다. 반면 바위는 단단하고 휘어지지 않는다. 그러나 물이 바위를 뚫는다. 무릇, 무엇이든 유연하고 부드럽고 잘 휘어지는 것이 단단하고 억센 것을 이긴다. 이것이 또 하나의 역설이다. 부드러운 것이 강하다."

— 노자 老子

메리엄 웹스터 사전은 탄력성Elasticity을 다음과 같이 정의한다.

A. 변형된 물체를 원래의 크기나 형태로 복원시키는 능력

B. 탄성(물리학)

C. 적응할 수 있는 성질

세 가지 정의 중에 어떤 게 이 책에 나오는 전략과 관련이 있을까? 세 가지 전부, 아니 그 이상이다.

물리학에서 말하는 탄력성

탄력성과 가장 비슷한 의미를 지닌 단어는 복원력이다. 복원력은 물질의 탄력성을 측정하는 유용한 방법이다.

물리학에는 물질이 영구적으로 변형되기 전까지 얼마나 잡아당길 수 있느냐를 정의하는 탄성한계elastic limit라는 개념이 있다. 어떤 물질이 외부의 힘에 의해 당겨졌다가 원래의 형태로 재빨리 돌아왔다면 그 물질은 아직 탄성한계에 도달하지 않은 것이다. 반대로, 고무줄을 힘껏 잡아당기다가 결국 영구적으로 늘어나거나 끊어졌다면 탄성한계를 넘은 것이다.

탄성률elastic modulus은 어떤 물질에 압력이 가해졌을 때, 그 물질에 일시적으로 일어나는 변형과 그 압력에 대한 물질의 저항을 수치화한 단위다. 예를 들어 쉽게 변형되는 고무줄은 탄성한계가 비교적 높지만 탄성률은 낮다. 반대로 다이아몬드는 탄성률이 대단히 높다. 즉 찌그러뜨리기, 깨뜨리기, 구부리기, 늘이기 같은 압력에 대한 저항력이 매우 높다.

물리학에서 이렇게 서로 다른 특성을 모두 '탄력성'이라는 개념으로 논하는 것이 이상해 보일지 모르지만, 사실 둘은 같은 것(압력에 대한 저항)을 다른 방식으로 측정한 것일 뿐이다. 세상에서 가장 단단한 자연 물질인 다이아몬드는 어떠한 압력에도 굴하지 않는 방식으로 압력에 저항한다. 고무줄은 일단 압력에 굴복하고 순응하여 자기 형태를 바꾸는 방식으로 압력에 저항한다. 그러다 압력이 제거되면 (그리고 그 압력이 고무줄의 탄성한계보다 낮으면) 금방 원래 모습으로 되돌아간다. 결과적으로는 둘 다 압력에 의해 변형되지 않으며, 따라서 복원력이 있다.

탄력성의 의미를 제대로 알아야 그 이점이 보인다. 탄력성은 단순히 유연함만 키우는 게 아니라 외부의 압력에 대한 회복력을 키우는 것이 핵심이다. 어떤 습관을 기르려는 사람이라면 이 말에 귀가 쫑긋해질 것이다. 외부의 압력을 받아도 당신의 목표와 습관이 복원력을 발휘해서 위기를 극복하고 오래 지속된다면, 거기서 더 나아가 삶이 향상된다면 얼마나 좋을까? 당신의 목표와 습관에 탄력성을 더하면 그럴 수 있다.

유연성이 강점이 되는 이유

책 제목이 '탄력적 습관'이니, 유연성에 대해 이야기하는 것이 놀랄 일은 아니다. 정말 놀라운 것은 유연성이 강점이 될 수 있다는 점이다. 여기에는 네 가지 이유가 있다.

1 … 뿌리는 하나보다 여러 개가 낫다.

영화 《반지의 제왕: 두 개의 탑》에 내가 좋아하는 장면이 있다. 사악한 마법사 사루만이 아르센가드라는 도시의 지하 공장에서 오크 군을 생산한다. 이때 공장의 연료가 되는 것은 근처에 있는 나무들이다. 말도 하고 걸을 수도 있는 거대한 나무 무리인

엔트족은 형제자매들의 고통을 더는 두고 볼 수 없어서 마침내 아르센가드를 공격한다.

엔트족은 강력한 팔다리를 마구 휘저어 오크군을 짓뭉개고, 걷어차고, 두 동강 내고, 급기야 근처의 거대한 댐을 무너뜨려 결정타를 날린다. 물살이 거침없이 밀려오자 그들은 땅에 '뿌리를 박고' 몸을 지탱한다. 세찬 물살이 사루만의 공장을 비롯해 엔트족을 제외한 주위의 모든 것을 쓸어버린다.

땅에서 나무를 뽑아본 적 있는가? 사람들은 보통 전기톱으로 밑동을 잘라 나무를 쓰러뜨린다. 아무리 작은 나무라도 뿌리까지 뽑는 건 만만치 않은 일이기 때문이다. 나무의 줄기는 상대적으로 얇고 높이 자라는 반면 뿌리는 넓게 뻗어나가 나무를 안정감 있게 잡아준다. 뿌리 하나가 죽으면 다른 뿌리들이 더 멀리 뻗어나가 빈자리를 메운다. 뿌리가 여러 갈래로 뻗어나가면 나무가 더욱 강하게 지탱될 뿐 아니라 수분을 흡수할 공간도 더욱 넓어져서 그만큼 건기에 유리하다. 뿌리는 정말 놀랍다.

유연성이 없는 사람들은 무슨 일을 하건 뿌리 하나에 의존한다. 물론 뿌리 하나도 제 역할을 훌륭하게 해낼 수 있다. 죽기 전까지는. 사람이든 나무든, 뿌리가 여러 갈래로 뻗어 있어야 중심을 잃지 않고 강하게 버티며, 난관을 더 잘 이겨낼 수 있다.

2 … 유연성이 있어야 임기응변을 할 수 있다.

삶의 모든 분야에서 핵심은 임기응변이다. 우리가 주위 환경이나 다른 사람들의 행동을 완벽하게 통제할 수 없기 때문이다. 유연성이 없는 사람은 예상과 다른 상황이 닥치면 실패의 쓴맛을 보기 쉽다. 유연한 사람은 첫 번째 장애물을 재빨리 피하고 두 번째 장애물을 다이아몬드 전기톱으로 자른 다음, 세 번째 장애물이 나타나면 고무줄 새총으로 자신을 쏘아 올려서 뛰어넘고 공중에서 네 번째 장애물을 보고는 미리 방향을 틀어버린다.

유연성이 있으면 임기응변을 통해 더 많은 성공의 길을 찾을 수 있다. 임기응변에 뛰어날수록, 긍정적인 상황과 부정적인 상황이 무작위로 튀어나오는 현실에 한발 앞서 대처하고 더욱 빨리 회복할 수 있다.

3 … 유연성은 기회에 눈뜨게 해준다.

유연성이 있으면 기회를 최대한 만들 수 있다. 또 이미 존재하는 기회를 더 많이 발견할 수 있다.

> "모든 고정된 패턴에는 적응 능력이나 유연함이 없다. 진실은 모든 고정된 패턴 바깥에 존재한다."
>
> — 브루스 리 Bruce Lee

외골수는 한쪽으로만 생각하거나 행동하고, 다른 것은 보지 못한다. 특정 상황에서는 통했던 방법이 다른 상황에서는 전혀 통하지 않을 수 있다. 예를 들어, 비디오 대여 체인 업체인 블록

버스터는 다른 사업으로 선회하거나 넷플릭스를 사들여야 했다.

블록버스터는 1985년 비디오 대여점 사업을 시작해 2010년 같은 업종으로 파산 신청을 했다. 25년이 넘는 영업 기간 중 전반기에는 오프라인 비디오 대여 사업이 괜찮은 비즈니스 모델이었다. 그러다 어느 날 갑자기 비디오 스트리밍이 가능해지면서 블록버스터의 비즈니스 모델은 더 이상 통하지 않았다. 그들이 의지했던 뿌리 하나가 죽자 사업 전체가 무너졌다. 작은 신생 업체인 넷플릭스를 인수하는 것도 대안이었지만 블록버스터는 시대의 흐름에 걸맞은 다른 선택지들을 보지 못했다.

넷플릭스는 일정한 구독료를 내면 비디오와 DVD를 우편으로 배달해주는 참신한 아이템으로 사업을 시작했다. 2007년에 온라인 스트리밍 서비스로 사업을 확장했고, 이후에는 이 서비스가 그들의 핵심 사업으로 자리 잡았다. 그리고 2019년, 넷플릭스는 미국의 주요 제작사로 성장해 수많은 TV쇼와 영화를 만들고 있다.

끊임없이 이어지는 넷플릭스의 정신적·전술적 유연성은 엔터테인먼트라는 치열한 경쟁 분야에서 그들을 업계 선두주자로 올려놓았고, 덕분에 그들의 주식은 21세기에 가격이 가장 많이 오른 주식 중 하나가 되었다(넷플릭스 주식은 처음 상장한 2002년부터 2019년 사이에 3만 1,000퍼센트 이상 올랐다).

당신이 처음부터 유연성을 갖춘다면 넓은 시야로 미래의 위협과 기회를 더 잘 볼 수 있다. 거기에 여러 상황에 적합한 다양한 수단까지 갖출 수 있다. 유연성은 현재의 상황과는 상관없이 더욱 나은 결과를 만들어줄 것이다.

4 … 유연성은 자원을 더 효율적으로 배분해주고 자유로움을 더 많이 느끼게 해준다.

유연성을 핵심 전략으로 삼으면 목표를 상황에 맞게 바꿀 수 있다. 즉 '계획에 따라' 목표를 덜 독단적이고 덜 비효율적인 과업으로 바꿀 수 있다는 얘기다.

글을 써봤다면 다들 알겠지만, 글이 술술 써지는 마법 같은 순간이 있다. 그럴 때 나는 이렇게 말한다. "키보드에 불이 붙었을 때 써라!" 그때그때 상황에 맞게 행동하는 유연성이야말로 진정한 자유다. 그리고 그런 유연성은 당신이 목표를 추구하도록 끊임없이 의욕을 불어넣는다.

3장을 마무리하며

유연성은 당신의 발전을 위협하는 그 무엇에든 맞설 수 있는 가장 강력한 형태의 복원력이자 힘의 원천이다. 유연성만 있다면 다양한 어려움을 여러 방법으로 극복할 수 있다. 다음 장에서는 수직적·수평적 유연성이 어떻게 긍정적인 습관을 길러주는지 살펴보자.

4장

유연성에도 차원이 있다

"사람들은 모두 내가 승리한 모양은 알아도 내가 승리를 만들어 나간 전술의 바탕은 알지 못한다. 그러므로 한 번 전쟁에서 승리한 방법을 되풀이해서는 안 되고, 적의 형태에 따라 무궁무진한 전략 전술의 변화로써 대응해야 한다."

— 손자

'작은 습관'이란 서서히 습관을 들이기 위해 매일 한심할 정도로 작은 행동들을 실천하는 것이다. 나는 이 작은 행동을 '한심할 정도로 작은' 행동이라고 부른다. 예를 들어, 1분 동안 그림 그리기, 1분 동안 색칠하기, 팔굽혀펴기 한 번 하기, 방 한구석 청소하기처럼, 정말 사소한 일이어서 한심하게 들리기 때문이다.

작은 습관은 믿기지 않을 만큼 강력하다. 다른 엄격한 전략들처럼 최대가 아니라 최소를 추구하기 때문에 언제든 목표를 초과 달성할 수 있다. 여기서 중요한 것은, 당신이 항상 무언가를 하게 된다는 것이다. 그렇게 항상 무언가를 하는 것이 아무것도 하지 않는 것보다 훨씬 낫다.

목표와 습관의 차이

이 책에는 목표에 관한 이야기가 많이 나오지만, 사실 책 제목이 말해주듯이, 이 책은 습관에 관한 것이다. 그래서 목표와 습관의 관계를 명확하게 설명해두고 싶다.

목표란 '목적 또는 바라는 결과'다. 습관은 '굳어지거나 규칙화된 경향 또는 실천'이다. '어떤 습관을 만드는 것'도 목표가 될 수 있다. 한편 습관은 매일 똑같은 목표를 완수함으로써 만들 수 있다. 어떤가. 어느 부분이 겹치는지 보이는가? 당신의 장기 목표는 습관을 형성하는 것이고, 이를 위해서는 매일 더 작은 목표들을 달성해야 한다.

따라서 이 책에서 목표란 습관을 형성하기 위해 매일 해야 하는 일을 의미한다. 습관이 몸에 배려면 매일 꾸준한 목표를 달성하는 것부터 몸에 배야 한다. 사람들은 꾸준한 목표 달성이 난관을 얼마나 잘 극복하느냐와 관계가 있다고 생각하지만, 사실은 얼마나 꾸준히 목표를 달성하느냐가 핵심이다.

세계 각지에서 수많은 사람이 매일 작은 습관을 실천하면서 행동을 바꾸고 삶을 바꿨다. 작은 습관은 '한심할 정도로' 작고 쉬워서 꾸준히 하기도 어렵지 않다. 많은 사람이 꾸준한 실천이 중요하다고 말하지만, "하루에 적어도 두 시간은 기타 연습을 해야 해"라는 다짐은 사실 꾸준함보다는 목표의 양, 재빠른 결과, 성취를 우선시해 꾸준한 실천을 어렵게 만들 뿐이다.

꾸준함을 우선시한다는 것은 목표를 절대 달성하지 못할 리 없을 정도로 낮게 잡는다는 말이다. 다시 말해 남에게 보여주기 위한 목표가 아니라 반드시 이루기 위한 목표를 정한다는 의미다. '작은 습관' 전략은 어떤 슬럼프에서든(심지어 슬럼프가 없어도) 새로운 활력을 불어넣어줄 것이다. 매일 목표를 이루는 것 자체가 놀라울 정도로 강력한 추진력이 되어주기 때문이다.

탄력적 습관은 작은 습관의 업그레이드 버전이다

'매일 윗몸일으키기 한 번'이라는 목표를 실행하다 보면 뭔가 부족한 느낌이 들 수 있다. 물론 매일 목표를 달성해서 작은 승리를 얻는 것도 좋지만, 어느 시점이 되면 구체적으로 진전된 결과를 얻고 싶어진다. 즉 정말 무언가를 향해 나아가고 있다는 증거를 보고 싶어진다.

작은 습관만으로는 대단한 성공을 거둘 수 없다는 말이 아니다. 실제로 나를 비롯한 많은 사람이 작은 습관으로 대단한 성과를 얻었다. 하지만 이 책에 소개하는 방법들을 통해 기존의 작은 습관 전략을 불패의 전략으로 한 단계 업그레이드시킬 수 있다.

우리는 지금 작은 습관에서 탄력적 습관으로 옮겨가는 중이다. 뿌리가 늘어날수록 나무가 더 튼튼해지듯이, 유연성이 더해질수록 작은 습관 전략이 더 강력해지기 때문이다. 탄력적 습관은 그날그날의 목표를 탄력적으로 운용하게 해주며, 단기적으로나 장기적으로 잠재력을 키워줄 것이다.

최대치의 힘을 원하는가? 그렇다면 유연성을 최대로 키워라

당신은 여러 방법으로 강해질 수 있다. 하지만 힘을 최대치로 발휘하려면 최대한의 유연성이 필요하다. 인간의 몸이 그렇다. 내가 다리 찢기를 시도하면 배꼽을 잡을 만큼 웃기거나 눈물이 날 지경으로 처참할 것이다. 하지만 체조 선수들은 보는 사람이 불안할 만큼 너무나 유연하다. 그런데 이런 사실을 아는가? 체조 선수들은 같은 체급 내에서는 가장 강한 인간이라는 사실을. 체조 선수들은 유연하게 강하기 때문에 특별히 역도 훈련을 받지 않아도 이미 훌륭한 역도 선수의 자질을 갖췄다.

체조 코치인 크리스토퍼 소머Christopher Sommer는 체중이 61킬로그램인 제자가 고등학교에서 처음으로 근력운동을 하던 날, 약 180킬로그램의 무게를 데드리프트했다고 전했다! 소머는 말한다. "플란체 푸시업planche push-up(사람이 달 위에서 팔굽혀펴기를 하는 모습과 비슷하다. 팔굽혀펴기를 하는데 발이 지면에서 떨어져 있다!)을 하는 체조 선수들이 벤치프레스에 처음 도전해서 자기 몸무게의 두 배를 들어 올리는 모습을 수없이 봤어요. 반면 벤치프레스에서 자기 몸무게의 두 배를 들어 올리는 역도 선수들이 첫 도전에서 플란체 푸시업에 성공하는 건 한 번도 못 봤어요."[3]

역도 선수들은 대단히 특화된 동작들을 훈련하고, 따라서 특정한 방향으로만 강하다. 반대로 체조 선수들은 대단히 역동적으로 훈련하고, 따라서 그들이 키운 힘은 역도를 비롯한 거의 모든 종목의 스포츠에서 유용하다.

"유연성은 궁극적인 힘의 토대다."

'궁극적인'이라는 단어를 괜히 쓴 게 아니다. 놀라운 힘은 유연성이 없어도 기를 수 있기 때문에 그런 힘과 구분하기 위해 쓴 중요한 단어다. 그렇다고 해서 유연성이 어떤 분야에서 강해지거나 성공하는 유일한 방법이라고는 주장하지 않을 것이다. 하지만 유연성이 최고의 방법이라고는 주장할 것이다. 궁극적인 힘은 유연성을 바탕으로 생겨나야 하고, 그렇지 않으면 단순히 상황적 힘situational strength에 불과하기 때문이다.[4]

"균형, 민첩성, 조정력 그리고 폭발력이 없는 힘은 운동에서 사용할 수 없는 힘이다."

— 크리스토퍼 소머

지금부터는 수평적 유연성을 갖춘 작은 습관 전략이 얼마나 강력한지를 보여주려고 한다. 그다음에는 탄력적 습관이 길러주는 새로운 차원의 유연성을 소개할 것이다. 당신이 이미 작은 습관을 들여놓았다면, 탄력적 습관이 시너지 효과를 일으킬 것이다!

작은 습관의 무기: 수평적 유연성

작은 습관의 전제는 매일 실행하는 작은 습관으로 최대한 쉽고 빠르게 목표를 달성하는 것이다. 일단 목표를 달성하고 나면 그다음 단계를 생각하게 된다. 가령, 일단 바닥에 엎드려 팔굽혀펴기를 한 번 한다. 한 번은 아무것도 안 하는 것보다 훨씬 낫다. 이제 목표는 달성했으니 여기서 멈춰도 되고 다섯 번, 열 번, 쉰 번…… 원하는 만큼 더 할 수도 있다.

작은 습관은 수평적 유연성이 대단히 좋다. 수평적 유연성이 좋다는 것은 목표를 달성하는 방법이 여러 가지이고, 심지어 즉흥적으로 바꿀 수도 있다는 뜻이다. 혼합형 작은 습관Hybrid mini habits이 좋은 예다. 혼합형 작은 습관에서는 '두 블록 걷기 또는 팔굽혀펴기 한 번 하기'처럼, '이것 또는 저것'으로 목표를 정한다. 여기에 매일 '아무 때나'라는 조건까지 붙이면, 그 목표를 정해진 시간에 하려고 발버둥치는 대신 하루 중 언제든 실행할 여유가 생긴다. 즉 수평적 유연성이 좋아진다.

이밖에도 다른 여러 조건을 붙일 수 있다. 심지어 방법도 바꿀 수 있다. 목표 달성의 용이성과 유연성이 결합된 혼합형 작은 습관은 무언가에 갇힌 기분을 조금도 느끼지 않으면서 목표를 달성하게 해준다. 쉬운 목표 주위를 어슬렁거리다가 그날 상황에 맞게 공략만 하면 된다.

수평적 유연성은 놀라울 정도로 꾸준하게 습관을 이어가게 해주는, 효과가 입증된 획기적인 무기다. 하지만 수평적 유연성이 유연성의 전부는 아니다. 가령, 농구를 할 때 우리는 앞뒤 좌우로만 움직이는 게 아니라 위아래로도 움직인다. 펄쩍 뛰어 덩크슛을 넣거나, 몸을 날려 상대의 득점 골을 막거나, 바닥으로 몸을 던져 공을 낚아챈다.

최대한의 힘은 최대치의 유연성을 갖춰야 얻을 수 있다. 따라서 우리는 수평적으로 유연한 작은 습관에 수직적 유연성을 더할 것이다. 수직적 유연성을 최대치로 늘리면 과연 무슨 일을 할 수 있는지 살펴보자.

새로운 무기: 수직적 유연성

2017년 스탠퍼드 대학교 연구팀은 하위 목표가 인간 동기에 미치는 영향에 대한 연구에서, 서로 다른 크기의 목표에 나름의 강점과 약점이 있다는 결론을 (간접적으로) 냈다.[5]

이 연구의 가설은 목표 단계에 따라 동기부여의 원천이 다르다는 것이었다. 팔굽혀펴기 100번을 예로 들어보자. 연구에 따르면, 팔굽혀펴기 100번을 한 번에 하는 대신, 열 번으로 나누어 하위 목표를 정하는 것이 달성 가능성(다음 장에서 다룰 핵심 단어다)을 높여주기 때문에 더욱 효과적이다. 하지만 팔굽혀펴기 100번 중에 이미 일흔다섯 번을 끝냈을 때처럼, 상위 목표 달성이 멀지 않았을 경우에는 하위 목표를 통한 동기부여가 상위 목표를 통한 동기부여보다 작아진다. 상위 목표의 달성이 눈에 들어오면 가장 강력한 동기부여의 원천이 더 큰 목표를 달성했을 때 얻을 수 있는 가치로 바뀐다.

맞는 말이다. 목표를 정하고 실행하려는 순간 우리가 떠올리는 첫 번째 질문은 "내가 진짜 이 목표를 달성할 수 있을까?"다.

하지만 일단 목표를 달성할 것이 확실해지면 더 큰 승리를 얻을 수 있는데 왜 굳이 작은 목표에 집중하겠는가?

스탠퍼드 연구자들은 네 가지 연구를 통해 그들의 가설, 즉 목표를 달성해가는 각 단계마다 동기부여가 다르다는 것을 확인했다. 이러한 사실은 우리가 지금껏 동기부여와 목표 달성의 관계를 지나치게 단순하게 생각해왔음을 알려주는 동시에 목표를 최대한 효율적으로 세울 큰 전략이 있음을 암시한다.

그런데 나는 여기서 한 걸음 더 나아가고 싶다. '목표의 단계'를 명확하게 정의하는 것은, 엄격한 목표 설정의 전통에 여전히 얽매여 있는 것이다. 현실에서는 우리가 추구하는 목표가 언제라도 바뀔 수 있기 때문이다.

습관에는 끝이 없다. 습관은 평생 간다. 그리고 그 여정에서 우리는 늘 확신과 의심 사이를 오간다. 스스로를 믿지 못할 때는 작은 목표를 토대 삼아 앞으로 나아갈 수 있다. 자신의 능력을 확신할 때는 큰 목표가 우리에게 궁극적인 성공의 비전을 제시해준다. 에너지가 넘칠 때나 바닥일 때, 긍정적인 기분일 때나 부정적인 기분일 때도 마찬가지다. 우리에게 어떤 동기부여가 필요한지를 모르더라도 동기가 지속적이지 않다는 것을 아는 것만으로 충분하다!

만약 당신이 한 가지 방법으로 목표를 달성하기로 했다면, 목표 달성의 조건을 미세 조정하여 목표를 꾸준히 추구해나갈 동기를 스스로에게 부여해야 한다. 스탠퍼드 대학교 연구팀의 연구에 따르면, 사람들은 처음에 작은 목표에 집중하여 상당한 진전을 보면 점차 더 큰 목표에 집중한다. 이 전략은 다른 전략들에 비해 상당히 개선된 것이지만, 우리는 여기서 훨씬 더 나아갈 것이다. 우리는 단 하나의 목표도 미리 정하지 않는다. 우리 전략은 수직적인 유연성이 뛰어나기 때문에 그날 가장 이루고 싶은 목표를 직관적으로 선택하게 한다. 쉽게 말해 우리는 목표 단계에 따라 동기가 달라지는 정확한 타이밍을 알 필요가 없다.

동기부여와 목표의 크기 사이의 미묘한 관계는 우리가 매일 그날의 목표와 습관을 추구하고 그것에 관해 생각하는 방식에 큰 영향을 미친다. 아마 크거나 작은 목표를 추구했던 과거의 경험을 돌아보면 당신이 얻은 경험과 직관도 최근의 여러 연구에서 밝혀진 사실과 일치할 것이다.

서로 크기가 다른 목표에는 제각기 나름의 강점과 약점이 있다. 정말 흥미로운 점은 어떻게 이를 활용할 수 있는가다. 이제 그 이야기를 해보자.

작은 목표와 큰 목표는 상호보완적이다

탄력적 습관 전략은 서로 크기가 다른 목표를 활용하여 약점을 보완한다. 앞에서 소개한 유연성에 대해 제대로 이해했다면 다음 문장도 인정하게 될 것이다.

"유연성은 약점을 강점으로 만든다."

간단하다. 나무뿌리 하나가 죽거나 끊어져도 외부에서 알아차리기는 어렵다. 뿌리가 하나가 아니라 여러 갈래로 뻗어 있어서 나무는 전과 다름없이 지면에 단단히 박혀 있기 때문이다. 당신이 평생 습관으로 만들려는 목표를 마치 나무뿌리처럼 여러 갈래로 나누어 지탱해주는 것이 바로 수직적 유연성이다.

수직적 유연성이 목표의 약점을 완화시키는 방법

수직적 유연성이 있으면 목표의 크기를 키우거나 줄이기 용이하다. 이런 사실을 이해하기 쉽도록 목표의 크기에 따라 어떤 강점과 약점이 있는지, 세 조각으로 자른 두 개의 파이에 비유해 보자. 파이에 비유한 이유는 목표의 크기에 따른 강점들이 어떻게 조화를 이루어 완벽한 '목표 파이'가 되는지 보여주기 위한 것이다.

강점 파이

- **작은 목표:** 언제든 시작할 수 있고, 거부감이 들지 않으며. 꾸준히 하기가 쉽고(습관 형성에 적합하며), 강한 추진력을 만들어낸다.
- **중간 목표:** 시작하기가 아주 힘들지 않고, 거부감도 크지 않으며, 중간 정도의 만족감을 주고, 노력과 보상의 비율이 적당하다.
- **큰 목표:** 우리의 꿈과 일치하고, '도전에 맞설' 동기를 부여하며, 커다란 감동과 만족감을 주고, 목표에 대해 생각하고 실행하는 것이 매우 흥미롭다.

약점 파이

- **작은 목표:** 성취라고 하기에는 시시할 정도로 감동이 없고, 계속 이 목표에 머물면 발전하고 있다는 느낌이 줄어든다.
- **중간 목표:** 작은 목표처럼 쉽게 시작하고 꾸준히 이어가기가 쉬운 것도 아니고, 큰 목표를 달성했을 때만큼 감동적이거나 만족스럽지도 않다. 즉 작은 목표나 큰 목표에 비해 이점이 미미하다.
- **큰 목표:** 엄두가 나지 않을 정도로 부담스럽게 느껴지고, 꾸준히 하기가 대단히 힘들다. 목표를 달성하지 못하거나 피곤에 지치면 의욕이 꺾인다.

'최상의 목표 크기'라는 오류

파이로 설명했듯이, 사실상 '완벽한' 크기의 목표란 없다. 오히려 목표 크기를 다양하게 둘수록 대칭하는 것들이 서로의 단점을 보완하는 시너지 효과가 난다.

각각의 파이들 사이의 대칭 관계가 보이는가? 작은 목표의 약점은 큰 목표의 강점에, 큰 목표의 약점은 작은 목표의 강점에 정확히 대응한다. 예를 들어, 큰 목표의 약점은 엄두가 나지 않을 정도로 부담스럽게 느껴진다는 것인데, 작은 목표의 강점은 그런 부담이 없다는 것이다. 또 작은 목표의 약점은 예를 들어, 매일 1분씩 꾸준히 기타를 연습한다고 해서 의욕이 샘솟거나 신이 나지는 않는다는 것이다. 하지만 매일 두 시간씩 기타를 연습하거나 새로운 곡을 완전히 익히는 정도의 큰 목표를 세운다면 의욕이 불타오르고 커다란 흥미를 느낄 수 있다.

중간 목표는 작은 목표와 큰 목표 사이에서 균형을 잡는다. 중간 목표의 강점과 약점 역시 서로 대칭적이다. 중간 목표는 감동이 크지는 않지만 그렇다고 작지도 않다. 아주 쉬운 것도 아니고 대단히 어려운 것도 아니다. 때로 우리에게 필요한 것은 이 정도의 목표다.

이처럼 크기가 다른 목표들이 함께해야 완벽한 균형 상태가 되는데 왜 굳이 하나의 목표만을 선택해야 할까? 왜 여러 목표를 조합해서 강점을 모두 활용할 방법을 찾지 않을까? 그러면 각각의 목표들이 지닌 약점을 없앨 수 있는데 말이다.

너무 멋지게 포장하는 게 아니냐고? 그렇지 않다. 내가 그 효과를 체감했다. 이 전략 덕분에 나는 끓어오르는 용암만큼 무시무시한 슬럼프에서 빠져나올 수 있었다. 이것이 바로 목표와 습관을 형성하기 위해 완전한 유연성을 갖는 탄력적 습관이다.

지금껏 당신은 아마 한 종류의 목표만을 세우고 그것을 지키기 위해 애써왔을 것이다. 아니면 그때그때 상황에 맞게 목표를 유연하게 바꾸는 대신, 긴 시간을 두고 한 가지 목표에서 다른 목표로 옮겨갔을 것이다. 걱정하지 마라. 이제껏 누구나 그랬으니까. 다행히 당신은 지금부터 과거보다 멋지게 살아갈 기회를 잡았다.

그렇다면 어떻게 해야 세 가지 크기의 목표를 합리적으로 운영하여, 정신없이 바쁜 우리 일상에 자연스럽게 정착시킬 수 있을까? 그 대답은 응용의 장에서 다룰 것이다.

다음 장에서는 우리의 행동 변화와 동기부여에 대해 자세히 살펴볼 것이다. 나는《습관의 재발견》에서 동기부여를 폭넓게 비판했다. 동기부여는 작은 습관 전략에 들어맞지 않기 때문이었다. 하지만 작은 습관 전략에 탄력성이 더해지면 동기부여가 중요한 역할을 한다.

4장을 마무리하며

크기가 다른 목표들을 서로 조합해서 사용하라. 크기가 다른 목표를 모두 활용할 수 있는데 왜 하나만 선택하는가?

3부

동기부여

: 선택의 자유로 돌파구 만들기

ELASTIC HABITS

선택은 삶의 양념이자,
행동을 일으키는 강력한 동인이다.

5장

동기부여의 3원칙

"비관론자는 모든 기회에서 어려움을 본다. 낙관론자는 모든 어려움에서 기회를 본다."

— 윈스턴 처칠 Winston Churchill

동기부여는 행동을 이끌어내는 엔진이다. 《습관의 재발견》을 읽어본 사람이라면 이 말이 좀 이상하게 들릴지 모르겠다. 그 책에서는 동기부여가 아닌 의지력을 전략으로 삼았기 때문이다. 의지력은 동기부여가 되지 않았음에도 어떤 행동을 억지로 하겠다고 마음먹는 의식적인 결정이다. 작은 습관을 들이기에는 여전히 의지력만 한 전략이 없다. 만약에 작은 습관을 들이는 것만으로도 충분하다면 동기부여에는 신경 쓰지 않아도 된다. 한 블록을 걷거나 피아노를 한 곡 연주하는 등의 간단한 일을 하면서 동기부여를 고민하는 건 쓸데없는 에너지 낭비다.

탄력적 습관은 작은 습관을 들일 때와 같은 방식으로 시작하지만 나중에는 동기부여가 필요한 수준 높은 목표들을 추구한다. 우리는 목표 달성 기준을 상하좌우로 쭉쭉 늘여서 습관 하나에 대략 아홉 개의 선택지를 갖게 된다. 각 선택지마다 가장 적합한 동기부여의 원천이 달라진다.

아홉 가지 중에 한 가지에만 의욕이 생겨도 그날의 목표를 달성할 수 있다. 응용 장에서 이 선택지가 어떤 것들이고, 어떻게 정하는지를 설명할 것이다. 더불어 방법이 아홉 가지나 된다고

[전통적 습관: 한 가지 방법으로 달성 **]**

[탄력적 습관: 아홉 가지 방법으로 달성 **]**

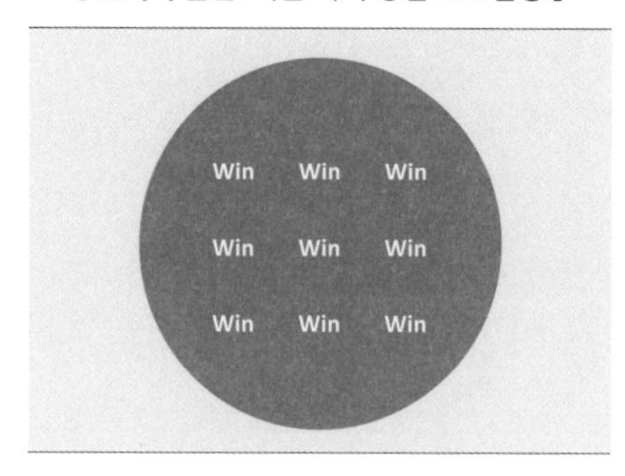

겁먹을 필요가 전혀 없는 이유도 설명할 것이다.

목표의 크기는 상황에 따라 의욕을 넘치게도, 아니면 아예 목표를 포기하고 싶게도 만들 수 있다. 그 원리를 따라가 보자.

동기부여의 '스위트스폿'

달성 가능성, 위신, 위대함

"먼저 확실히 승리하는 계획을 세운 다음 전쟁터로 나가라. 책략으로 시작하지 않고 힘에만 의존하면 승리를 보장할 수 없다."

– 손자

목표 설정과 습관 형성에서 우리가 취해야 할 적절한 태도는 "뭐든지 가능해. 그러니까 난 전속력으로 달릴 거야"가 아니다. "내 최종 목표를 달성하려면 전략이 필요해. 그러니까 성공을 보장해줄 전략부터 짜야겠어"다. 위대한 전략은 전쟁터를 꿰뚫어 보는 안목에서 나온다. 그래서 우리는 우선 동기부여가 목표에 어떻게 작용하는지를 살펴볼 것이다.

가치 있는 목표인가? 달성 가능한가?

사람들에게 어떤 목표를 추구하는 이유를 물으면 아마 "그렇게 하는 게 이익이니까"라고 답할 것이다. 목표 달성에 따르는 이익은 그 목표를 추구해야 할 타당한 이유이고, 그 이익이 우리에게 동기를 부여한다. 하지만 우리에게는 고려해야 할 또 다른 동기부여의 원천이 있다. 조금 엉뚱한 질문 두 개로 설명해보겠다.

1 … 지금 당장 '주먹으로 벽을 치는 것'과 '천장을 걷는 것' 중에 하나를 고르라면, 어느 쪽을 택하겠는가?

장담컨대, 당신은 주먹으로 벽을 치는 쪽을 골랐을 것이다. 주먹으로 벽을 치면 주먹이 아프지만 천장을 걷는 것과는 달리 바로 목표를 달성할 수 있다. 천장을 걸으면 다른 사람들에게 강렬한 인상을 줄 수 있는데, 왜 그걸 선택하지 않을까? 천장을 걷는 것은 중력 때문에 이룰 수 없는 일이기 때문이다. 천장을 걸으려면 특수 장비부터 마련해야 한다. 즉, '달성 가능성'은 우리가 어떤 행동을 목표로 선택하게 되는 동기부여의 핵심 원천이다.

2 … '주먹으로 벽을 치는 것'과 '방울뱀한테 입을 맞추는 것' 중에 하나를 고르라면, 무엇을 택하겠는가?

아마 이번에도 주먹으로 벽을 치는 쪽을 골랐을 것이다. 2017년 플로리다의 한 남성이 실제로 방울뱀한테 입을 맞추려고 했다. 그러자 뱀이 그의 얼굴을 물었고, 그는 구급용 헬기에 실려 병원으로 이송됐다. BBC 뉴스는 이렇게 보도했다. "레이놀드 씨가 방울뱀한테 키스를 시도한 이유는 여전히 분명치 않습니다."[6]

'방울뱀한테 입을 맞추는 것'은 몸을 숙이고 입술을 오므리기만 하면 되는 쉬운 행동이다. 하지만 당신은 이번에도 주먹으로 벽을 치는 쪽을 골랐을 것이다. 주먹으로 벽을 치는 것은 노력이 더 들지만 방울뱀한테 입을 맞추는 것보다는 우리를 덜 다치게 한다. 이는 어떤 행동의 '가치'가 우리에게 의욕을 불러일으키는 동기부여의 또 다른 원천이라는 사실을 알려준다. 행동의 가치는 그 행동에 따르는 고통 그리고 보상에 의해 결정된다.

달성 가능성과 목표의 가치는 동기부여의 두 가지 '스위트스폿'이다. 동기부여의 스위트스폿이 되려면 일정 수준의 성취를 냈을 때 우리가 원하는 뭔가를 얻을 수 있어야 한다. 만약 어떤 행동이 이익은 적지만 달성 가능성이 대단히 높으면, 우리는 그 달성 가능성에서 동기를 부여받는다. 우리는 언제나 목표를 달성하고 싶어 한다. 그런데 만약 어떤 행동이 매우 가치 있지만 달성하기 어려우면, 우리는 그 행동의 가치에서 동기를 부여받는다. 우리는 목표 달성을 통해 언제나 더 많은 이익과 더 큰 만족감을 얻고 싶어 한다. 그리고 우리는 목표의 크기를 전략적으로 조절함으로써 동기부여의 스위트스폿에 위치시킬 수 있다. 그 위치에서 목표를 공략하면 우리 앞에는 매력적인 선택지들이 줄줄이 늘어설 것이다.

뛰어난 전략은 우리에게 무작정 동기를 생각해내라고 요구하지 않는다. 오히려 동기가 저절로 생겨나는 지점으로 우리를 데려간다. 이것이 탄력적 습관의 힘이다. 탄력적 습관은 어느 방향으로든 늘리거나 줄일 수 있다. 유일한 목표만 추구하는 전략들과 달리, 하나 이상의 동기부여 스위트스폿에 도달하게 해준다. 이제 동기부여의 스위트스폿을 파헤쳐볼 차례다.

당신이 도달할 수 있는 세 단계 스위트스폿

1 … 높은 달성 가능성(작은 승리): 어떤 목표든 달성하는 것이 중요하다.

동기부여에 활용되는 생각: '난 무조건 저걸 할 수 있어.'

어떤 행동을 실행에 옮기려는 순간 가장 먼저 떠오르는 생각은 '내가 할 수 있을까?'다. 이걸 장기 목표나 습관에 대한 질문으로 바꾸면 '내가 매일 그 일을 해낼 수 있을까?'가 된다. 이 질문은 '내가 이걸 할 수 있을까?'보다 훨씬 어려운 문제다.

당신은 수많은 방법과 다양한 규모로 꿈도 꾸지 못했던 일들을 이룰 수 있다. 역사적으로 너무나 매력적이고 다른 사람들에게 영감을 불어넣는 삶을 살았던 수많은 인물들이 그 증거다. 하지만 가능성에는 잔인한 면도 있다. 미래에 무엇이 가능할지, 자신의 삶에 펼쳐질 수많은 가능성에 너무 깊이 빠져 있다 보면, 당장 눈앞에 놓인 기회를 놓치기 십상이다.

"살면서 꿈에만 사로잡히면 안 된단다. 그러다 진짜 삶을 놓치게 되거든."

— J. K. 롤링 J. K. Rowling, 《해리포터와 마법사의 돌》

사람들은 "마음만 먹으면 당신은 뭐든지 할 수 있어요!"라고 말하지만, 눈앞의 현실을 제쳐두고 이론적인 가능성만을 좇는다면 완벽주의와 우울증으로 이어질 수 있다.

완벽주의자들은 그들 머릿속에 있는 완벽한 가능성들이 실현될 리가 없기 때문에 늘 우울하다. 아무리 기다려도 그것들이 현실이 되는 기적은 결코 일어나지 않는다. 당신과 나를 비롯한 세상 모든 사람이 삶의 모든 영역에서 그 가능성에 도달하지 못한다. 맞다. 우리는 모든 것을 더 잘할 수 있지만, 수많은 이유로 그렇게 하지 못한다. 괜찮다. 그게 시간과 자원이 한정된 삶의 본질이다. 현실과 가능성 사이의 틈은 언제나 그대로일 것이다. 그러니 재미로 여러 가능성을 헤아려볼 수는 있지만 거기에 사로잡히지는 말자.

당신을 더 나은 삶으로 안내할 수 있는 것은 당신이 지금 당장 할 수 있는 행동이고, 그 행동이 장차 당신에게 더 나은 가능성을 안겨줄 것이다.

달성 가능성은 무조건 승리부터 무조건 실패까지 범위가 넓다. 가령, 박수 한 번 치는 것이 오늘의 목표라면 당신은 무조건 성공할 것이다. 반대로, 펭귄 옷을 입고 마리아나 해구 바닥까지 헤엄치는 게 목표라면 무조건 실패할 것이다(방울뱀한테 입을 맞추는 것과 비슷한 수준의 실패다). 참고로, 마리아나 해구의 깊이는 2만 6,850피트(약 8.2킬로미터)다.

목표를 달성할 가능성이 무조건 승리에서 무조건 실패 쪽으로 옮겨갈수록, 그 목표를 추구하려는 의욕도 자연스럽게 줄어든다. 작은 목표에 동기를 부여해주는 스위트스폿은 목표 달성이 쉽고 약간만 진전이 있어도 보상을 받는 지점에 위치한다. 아무리 작은 목표라도 빈손인 것보다는 백배 낫기 때문에 무조건 달성하는 것이 좋다. 그런 작은 승리는 연승의 신호탄이거나 더 큰 승리로 나아가는 출발점이다.

작은 목표는 (내적으로든 외적으로든) 아무리 열악한 상황에서도 끄떡없이 버텨낼 수 있다. 몸과 마음이 바닥을 뚫을 기세로 한없이 처지는 날에도 안전망처럼 당신을 받쳐준다.《습관의 재발견》처럼 작지만 꾸준히 앞으로 나아가는 방법을 시도해본 사람이라면 날마다 손쉽게 승리를 맛보는 것이 얼마나 신나는 일인지 알 것이다. 작은 성공이 이론적으로는 대단치 않아 보일지 모르지만, 그 작은 성공이 날마다 이어지면 우리 뇌를 바꿔놓는다. 게다가 100퍼센트 달성 가능하다. 이게 바로 작은 목표의 매력이다. 이게 바로 작은 목표가 정확하게 이해되고 실행되었을 경우 우리에게 자연스럽게 동기를 부여해줄 수 있는 이유다.

작은 목표보다 더 크고 본격적인 목표에 도전하고 싶다면, 스스로에게 다음 스위트스폿이 어딘지 물어야 한다. 목표의 크기를 좀 더 키우고 싶다면 어느 정도가 좋을까? 얼마나 키워야 그 목표를 통해 완전히 새로운 이익을 얻을 수 있을까? 목표의 크기를 키우면 달성 가능성은 낮아지는 대신 다른 동기부여의 원천이 생길까?

2 … 적당한 달성 가능성으로 위신 세우기(중간 승리): 매일 얻는 중간 이상의 성과는 의미 있고 만족스럽다.

동기부여에 활용되는 생각: '이 정도면 썩 괜찮은 성과야.'

위신은 동기부여의 두 번째 스위트스폿이다. 장기적인 목표 추구나 습관 형성과 관련해서, 작은 습관이 담보해주는 꾸준함과 두뇌의 변화는 결코 얕잡아볼 수 없는 뛰어난 성취이다. 하지만 하루씩 떼어놓고 보면 작은 습관이 시시하게 느껴질 수 있다.

목표는 사람마다 다르기 때문에 그냥 내 삶을 예로 들어보겠다. 가령, 내 하루 목표가 팔굽혀펴기 다섯 개이고, 이 목표가 꾸준히 유지되고 있다고 하자. 이것은 내 장기 목표를 달성하는 과정이라고 보면 대단한 성과지만 친구들에게 자랑할 만한 숫자는 아니다. 하지만 팔굽혀펴기 다섯 개가 아니라 서른 개를 꾸준히 한다면 나 자신도 그 숫자를 떠올리며 뿌듯할 것이다. 운동 효과도 체감할 수 있는 수준이어서 건강하고 탄탄한 몸을 만들겠다는 내 장기 목표에도 실질적인 가치를 더한다.

적당한 목표는 작은 목표만큼 매일 확실한 승리를 보장해주지는 않지만 어지간하면 달성할 수 있다. 위신을 지켜주면서 효과도 체감되어서 달성 가능성과 가치, 두 가지 면 모두에서 동기를 부여해준다. 여기서 목표의 크기를 더 키우면 달성 가능성은 그만큼 낮아질 것이다. 하지만 그걸 만회해줄 다른 게 있다.

3 … 위대함(큰 승리): 위대함을 마다할 사람이 있을까? 큰 승

리는 짜릿하다. 이게 바로 꿈이다.

동기부여에 활용되는 생각: '이것은 위대함을 탐험하는 내 삶에서 대단히 의미 있는 승리이자 무척 흥미진진한 진전이다!'

동기부여의 세 번째 스위트스폿은 위대함이다. 당신이 어떤 사람이 되고 싶고 무슨 일을 하고 싶은지가 바로 이 지점에서 결정된다. 만약 당신이 매일 무언가를 엄청나게 연습한다면 언젠가는 그 일에 통달하게 되기 때문이다. 적당히 잘하는 게 아니라 대단히 잘하거나 고수가 되어 있을 것이다. 매일 무언가를 아주 많이 하면 결국 꿈에 도달하게 된다.

체력 단련이나 외국어 습득처럼 반드시 훈련해야 잘할 수 있는 것들에만 통달할 수 있는 게 아니다. 청소에도 통달할 수 있다. 아이디어 제안에도 통달할 수 있다. 업무 관련 메일을 쓰는 것에도 통달할 수 있다. 정원 가꾸기, 피아노 치기, 글쓰기, 속독, 명상 등 수많은 것에 통달할 수 있다.

큰 승리라는 목표에는 가장 큰 보상이 따르지만 대신 달성 가능성은 가장 낮다. 탄력적 습관에 실패하는 사람들은 '오로지 큰 승리'에만 집착해서 작은 승리나 적당한 승리를 소홀히 한다.

그에 비해 여기 소개한 전략은 목표가 크기에 따라 셋으로 나뉘고, 각각의 목표는 저마다 당신에게 의욕을 끌어내주는 매력이 있다. 형편없는 하루일 때는 달성 가능성에 의존하고, 늘 똑같은 성과가 지겹게 느껴지는 날에는 더 크고 값진 승리를 위해 열심히 땀 흘릴 것이다. 그사이의 어떤 날에는 그 중간쯤에서 선택지를 고를 것이다.

목표의 크기에 따른 세 가지 선택지는 세 가지 동기부여의 원천, 즉 달성 가능성, 위신, 가치 가운데 마음대로 고를 수 있도록 선택지를 제시함으로써 당신이 의욕적으로 목표를 실행할 가능성을 세 배로 늘린다. 심지어 거기서 끝이 아니다. 바로 '목표 닻내림goal anchoring' 효과 덕분이다. 이제 다음 장으로 넘어가 목표 닻내림 효과에 대해 알아보자.

5장을 마무리하며

습관 형성을 위한 동기부여는 예전만큼 관심을 받지 못하고 있다. 엄격한 목표들이 오로지 한 가지 형태로만 동기를 부여하기 때문이다. 우리에게는 달성 가능성, 위신, 가치라는 세 가지 동기부여의 원천이 있기 때문에 거의 어떤 상황에서도 동기를 얻을 수 있다.

6장

목표 닻내림 효과

"경제학자들은 어떤 선택지의 질을 평가할 때는 해당 선택지의 대안들까지도 평가 대상에 포함시켜야 한다고 지적한다."

— 배리 슈워츠 Barry Schwartz

나는 마케터들과 세일즈맨들을 그리 좋아하지는 않지만, 그들이 인간의 심리를 존경스러울 만큼 잘 이해한다는 점은 인정한다. 그들이 생각해낸 가장 오래되고 유명하며 효과적인 판매 기술 중에 '가격 닻내림price anchoring 효과'라는 게 있다. 닻내림 효과anchoring effect는 닻을 내린 배가 닻과 연결된 밧줄의 범위 내에서만 움직일 수 있는 것처럼, 초기에 제시된 기준점이 이후의 판단에 영향을 미치는 현상을 일컫는다.

예를 들어, 내가 차를 24만 달러에 팔려 한다고 하자. 그런데 잠깐. 당신은 친구니까 5만 달러 깎아주겠다. 그리고 만약 30분 안에 사기로 결정하면 가격을 확 낮춰 3만 9,999달러만 받겠다! "이봐, 친구. 이건 정말 있을 수 없는 거래라고." 난 방금 자동차

가격을 20만 달러 넘게 후려쳤다. 다만 문제는 내가 이 차를 새 차일 때 3만 2,000달러에 샀다는 사실이다. 공장에서 갓 출고된 새 차도 3만 9,999달러의 가치는 없었다는 얘기다. 사실 이 거래는 처음에 가격을 24만 달러를 부른(24만 달러에 닻내림을 한) 덕분에 최종 가격을 말한 순간 대단한 거래인 것처럼 보였을 뿐이다.

가격 닻내림 효과는 누군가가 어떤 물건에 높은 가격을 (또는 가치를) 책정할 때 일어난다. 심지어 그 가격에 팔 생각도 없으면서 말이다. 판매자는 자신이 파는 물건의 가치를 강조하고, 그 가치에 대한 감정가나 소매가격을 한 번 이상 반복해 말할 것이다. 일단 당신의 머릿속에서 그 물건과 판매자가 강조한 높은 가격이 연결되고 나면, 당신이 그 가격을 바가지라고 생각하는지 아닌지는 그리 중요하지 않게 된다. 이제 판매자는 현란하게 제품을 설명하고, 마치 선심이라도 쓰듯이 처음에 언급했던 높은 가격에 비해 훨씬 낮은 가격을 제시한다. 이때 핵심은 비교다.

인간은 항상 비교한다. 우리는 가격을 비교한다. 나를 남과 비교한다. 인스타그램의 팔로어 수와 페이스북의 좋아요 수를 비교한다. 닻내림 효과는 인간의 비교 본능을 이용해 실제 가격을 가장 매력적으로 보이게 하는 방법이다. 특별 판매, 가격 인하, 보상 판매, 쿠폰 할인, 창고 정리, 시간 한정 판매 등의 방식은 결코 사라지지 않을 것이다. 인간이 물건을 파는 한, 가격 닻내림은 영원히 계속될 것이다. 그리고 가격 닻내림 효과를 이용하는 사람이야말로 영리한 사업가다.

최근에 나는 제품 하나를 구입하면서 닻내림 효과를 제대로 경험했다. 난 정수 필터를 200달러나 주고 살 계획이 전혀 없었다. 근데 필터 회사가 나를 제대로 낚았다.

이 회사는 내가 물속에 든 어떤 성분들이 날 서서히 죽이고 있는지 알아내느라 정신이 없는 동안, '당신이 사는 도시의 수돗물에 최적화된 식수용 필터'라는 한 줄의 광고 카피로 내 머릿속의 시끄러운 잡음들을 싹 걷어냈다. 그 순간, 그 자리에서 가격은 나한테 의미가 없었다. '수십 종의 정수 필터를 갖춘데다가, 도시마다 제각기 다른 수돗물 성분에 맞춤 제작된 필터를 판다고? 나도 얼른 고객으로 가입해야지'라는 생각밖에 들지 않았다.

나는 물을 많이 마시지만 그 물에 어떤 꺼림칙한 물질이 들었는지 모른다. 한 종류뿐인 필터를 가지고 가격으로 경쟁하는 다른 회사들과 다르게, 이 회사는 '도시마다 다른 수돗물 성분'이라는, 전혀 새로운 영역에 닻내림을 했다. 이 필터는 매일 모든 사람이 물을 엄청나게 마시고 있으면서도 자신이 마시는 수돗물 성분에 관해서는 잘 알지 못한다는 불안감을 자극했다. '도시별 차이'가 필터를 선택하는 데 중요한 고려 사항이 되고 나면, 가격은 부차적인 문제가 된다. 솔직히 나도 내 맞춤식 필터가 얼마나 특별하고 뛰어난지는 모른다. 어쨌든 필터 회사의 닻내림 기술은 눈부셨고, 새로운 판매 기회를 만들어냈다.

목표 닻내림 효과

내 독자들 중에 작은 습관에 거부감을 느꼈다고 말하는 사람이 몇몇 있었다. 나도 예전에는 그랬다. 하지만 나는 그런 거부감이 들 때마다 반사적으로 이렇게 반응했다. "팔굽혀펴기 한 번이잖아. 그냥 해." 이렇게만 해도 충분하다. 목표가 그렇게 쉬운데도 거부감이 드는 이유가 뭘까?

작은 습관의 강점은 달성 가능성이 최고라는 것, 다시 말해 실행하기가 너무 쉽다는 것이다. 그런데 문제는 탄력성이 없는 모든 목표나 습관과 마찬가지로, 작은 습관 역시 어디에도 닻을 내리지 않는다는 점이다.

예전에 당신이 세웠던 목표들 또는 현재 그것들을 대체해줄 목표들과 작은 습관을 비교해볼 수는 있지만 이 방법은 닻내림 효과가 상대적으로 미미하다. 우리는 예전 가격이나 가상의 가격이 아니라 현재의 가격을 보는 경향이 있기 때문이다. 예를 들어, 누군가가 당신에게 자기가 가진 야구 카드가 예전에는 300달러였지만 지금은 50달러라면서 당신에게 35달러에 팔겠다고 하면, 당신은 예전 가격인 300달러가 아닌, 현재 가치인 50달러에 닻내림을 할 것이다.

당신이 기본 전략으로 삼은 작은 습관이 어디에도 닻을 내리지 못하고 '작은 습관인 채로' 표류한다고 상상해보라. 당신 마음속에 작은 습관이 단순히 '지금 시도하는 목표 또는 습관'이라는 생각만 있다면, 작은 습관이 다른 전략들과 얼마나 다른지 큰 그림을 전혀 보지 못할 것이다. 사람들이 1분도 안 걸리는 행동에 거부감을 느끼는 이유가 바로 이것이다. 마치 가게에 들어가기도 전에 아무것도 안 사겠다고 마음먹는 것과 비슷하다. 때로 사람들은 예전에 실망하고 호된 대가를 치른 경험 때문에 현재의 전략을 목표 추구와 습관 형성이라는 큰 그림에서 따로 떼어놓고 생각한다. 현재의 전략이 아무리 좋아도 그 전략이 어떤 비교 대상에도 닻을 내리지 못한다면 예전과 같은 부정적인 시각만 생긴다.

양방향 지렛대

닻내림 효과는 무엇보다 탄력적 습관에 적용할 때 효과가 크다. 가격 닻 내리기는 보통 낮은 가격을 더 매력적으로 보이게 하려고 높은 가격에 닻을 내리지만, 탄력적 습관은 위아래 양쪽에 닻을 내릴 수 있다. 맞다. 세 가지 크기의 목표를 이용해 양방향으로 닻을 내리는 것이다.

먼저 닻 내리기 효과가 어떻게 작은 목표를 매력적으로 보이게 하는지부터 살펴보자. 앞에서 작은 습관이 비교 대상이 없어서 얼마나 쉬운지 감을 잡기 어렵다는 점을 이야기했었다. 즉 우리 뇌가 '정원에서 잡초를 뽑는 것'과 같은 작은 목표를 '오늘 해야 할 귀찮은 일'로 바꿔서 받아들인다는 것이다. '정원에서 잡초를 뽑는 것'과 '오늘 해야 할 귀찮은 일'은 둘 다 맞는 말이지만 확실히 후자가 훨씬 부담스럽고 귀찮고 힘들게 느껴진다.

작은 목표와 더불어 언제든 마음만 먹으면 도전할 수 있는 중간 목표와 큰 목표가 있으면, 크기와 난이도 면에서 작은 목표가 얼마나 쉬운지 실감할 수 있다. 작은 습관을 '그날 해야 할 의무'가 아니라 그날 하루를 절대 실패할 수 없는 날로 만들어줄 안전망으로 인식하게 된다.

이제 반대 방향으로 가보자. 당신이 세운 가장 큰 목표는 작은 목표와 중간 목표에 닻내림을 함으로써 더 인상적이고 중요한 목표로 부각된다. 당신이 만약 전형적인 방식대로 목표를 하나만 세웠다면 그 목표를 막연히 일반화시켜 인식하고 맹목적으로 추구하려 했을 것이다. 하지만 탄력적 습관 전략에서 가장 큰 목표는 제일 힘들고 가장 큰 보상이 따르는 선택지라는 사실이 분명하다. 당신도 그 목표가 정말 특별하다고 느낀다. 이 특별함은 닻내림을 해서 비교할 수 있는 다른 선택지가 둘이나 있어서 가능하다.

아마 지금쯤 당신은 이 양방향 지렛대가 꾸준히 목표를 실천하고 더 높은 목표를 향해 나아가는 데 얼마나 도움이 될지 깨달았을 것이다. 어떤 목표를 어느 수준까지 달성할지 저울질할 때마다 당신은 작은 목표는 쉽고 간단하다는 점에, 큰 목표는 달성했을 때의 커다란 만족감에, 중간 목표는 작은 목표와 큰 목표 사이의 타협점이라는 특성에 마음이 끌릴 것이다. 양극단에서 팽팽하게 밀고 당기는 줄다리기는 목표 추구와 습관 형성이라는 과업을 늘 새롭고 흥미진진한 도전으로 만들어줄 것이다.

목표를 추구할 때 기분이 어때야 할까

어떤 목표를 향해 달리거나 습관을 형성해나가는 과정은 짜릿하고 흥미진진하다. 또한 도전 의식을 샘솟게 하고, 희망과 활기가 넘치게 하며, 내가 삶의 주도권을 쥐고 있다는 확신을 줄 것이다. 세상에 나를 바꾸는 것보다 더 벅찬 일이 어디 있겠는가?

목표를 추구하거나 습관을 형성하는 과정이 억압적이거나 부담스럽거나 시시한 느낌을 주어서는 안 된다. 당신의 목표가 긍정적인 느낌이 아니라 부정적인 느낌을 준다면, 다음과 같은 의미다.

- **스스로에게 충분한 자유를 주지 않는다.**
- **오로지 결과만 바라고 그 일을 한다.**
- **자기 자신을 위한 것이 아니다.**

반대로 목표를 추구하는 것이 잘하는 일이라고 느껴지면, 다음과 같은 의미다.

- **자기에게 자율권을 충분히 주고 있고, 그래서 도전이 흥미진진하다.**
- **과정을 결과만큼, 아니 그 이상으로 중요하게 생각한다.**
- **자기 자신을 현재와 미래의 승리로 이끌고 있다.**

이따금 부닥치는 난제, 내 '감정'에 해답이 있다

목표를 추구하다 보면 어떻게 해도 마음에 안 들 때가 있다. 꾸준함에 초점을 맞추어 작은 목표에만 매달리다 보면 이러다가 언제 잠재력을 최대로 펼칠지 회의가 든다. 반대로 덮어놓고 원대한 목표에 덤벼들었다가는 지칠 대로 지쳐서 평생 가져갈 좋은 습관을 중간에 포기하게 된다. 그래서 어정쩡하게 중간 크기의 목표를 잡으면 큰 목표의 흥분도, 작은 목표의 안정감도 없는 이도 저도 아닌 김빠진 절충안에 의욕이 사라진다.

이럴 때는 여러 개의 선택지를 가지고 있으면 어떤 부정적인 기분에도 맞설 수 있다. 이 정도 목표로는 부족한 느낌이 드는가? 그 느낌은 더 큰 성공을 향한 강력한 추진력이다. 너무 힘들고 억지로 끌려가는 기분인가? 그건 잠시 휴식을 취하고 좀 더 쉬운 목표로 옮겨갈 이유가 되어준다. 이도 저도 아닌 느낌인가? 그렇다면 많이는 말고 조금만 더 분발해 중간 크기의 목표를 추구해야 할 완벽한 타이밍이다.

우리가 느끼는 감정은 완벽한 지표다. 그걸 써먹어라! 감정은 우리가 그날그날 최선을 다하도록 이끌어준다. 유연함이 있으면 자기 욕구를 무시하고 있다는 기분을 느끼지 않아도 된다. 당신이 스스로에게 유익한 무언가를 하려고 할 때마다 자신과 싸움을 벌인다는 느낌이 들었다면 이런 접근 방식이 새롭게 느껴질 것이다. 그렇게 새로운 세상을 경험하게 될 것이다!

나도 이따금 나 자신을 너무 혹독하게 몰아붙이거나 아직 부족하다는 생각에 좌절감을 느낀다. 하지만 그럴 때마다 내 습관이 탄력적이라는 사실을, 그래서 그날의 목표를 마음껏 바꿀 수 있다는 사실을 기억해낸다. 탄력적 습관은 내 감정 변화뿐 아니라 내가 어떤 목표를 선택하느냐와 상관없이 내가 들인 노력에 보상해준다. 목표를 바꾸고 조금 지나면 이런 생각이 든다. '야, 이거 괜찮은데!'

나는 탄력적 습관 전략을 사용한 뒤로 그 어느 때보다 많은 성과를 이뤘다. 작은 습관 전략을 썼을 때보다도. 탄력적 습관이 있으면 힘들이지 않고 가뿐하게 앞으로 나아갈 수 있기 때문에 마치 슈퍼 파워를 얻은 기분이다. 그리고 이 슈퍼 파워의 원천은 바로 나 자신이다. 당신이 마음먹기에 따라서는 탄력적 습관 전략이 언제나 당신에게 도움을 줄 것이다!

이제 탄력적 습관이 어떤 무한한 가능성을 열어주는지 살펴보자.

동기부여의 유형

탄력적 습관으로 위대함에 이르는 과정은 사람마다 다를 것이다. 삶의 경험이나 습관, 동기부여 등이 모두 제각각이기 때문이다. 그중 몇 가지 대표적인 예만 살펴보자.

용어: 지금부터는 성공하기 위해 최선을 다하는 세 유형의 노력가들을 위해 공식적으로 탄력적 습관이라는 용어를 사용하려 한다. 목표는 상대적인 크기에 따라 소, 중, 대에 해당하는 '미니Mini', '플러스Plus', '엘리트Elite'로 이름 붙여 구분할 것이다. '미니'는 본질적으로 작은 습관과 같으며 수평적으로 더 탄력적이다. '플러스'는 꼭 해야 하는 건 아니지만 최소한의 기준보다 더 많이 한다는 의미에서 붙인 이름이다. '엘리트'는 꾸준히 이 정도로 노력하면 그 분야 최고가 될 수 있다는 의미에서 붙인 이름이다.

이제 탄력적 습관 전략이 가져다줄 몇 가지 시나리오를 살펴보자. 위에서도 말했듯이, 위대함에 이르는 길은 수없이 많기 때문에 여기서 소개한 예들이 결코 완벽하지는 않다. 여기서는 탄력적 습관 전략이 어떤 식으로 작동하는지만 살짝 엿보자(본격적인 응용은 뒤에서 다룰 것이다).

유형 1. 눈덩이 형

제임스는 탄력적 습관 전략을 통해 체력 단련, 물 마시기, 책 읽기 등 세 가지 목표를 이루려고 한다.

제임스가 체력 단련을 위해 운동 습관으로 들일 활동은 걷기, 팔굽혀펴기, 노래 한 곡에 맞춰 춤추기다. 하루에 세 가지 모두를 할 필요는 없다. 이게 바로 수평적 유연성이다. 기본 습관은 운동이고, 운동 습관을 들이기 위한 세 가지 활동(걷기, 팔굽혀펴기, 노래 한 곡에 맞춰 춤추기)은 각각 세 단계(미니, 플러스, 엘리트)로 나뉜다. 제임스는 일단 세 활동 중에 하나를 고르고, 그다음 운동량에 따라 '미니', '플러스', '엘리트' 중에서 하나를 고르면 된다. 이게 바로 수직적 유연성이다.

아래 표에서 운동의 예를 보면, 아홉 가지 성공 조건을 확인할 수 있다. 선택지가 너무 많다고? 아니다. 일단 하고 싶은 운동(예, 걷기)을 고르면, 그다음은 원하는 보상과 처한 상황에 맞춰 운동의 양(예, 미니 목표)만 정하면 된다. 아니면 반대로 운동량(예, 플러스 목표)을 먼저 정하고 나서 활동을 선택할 수도 있다.

제임스가 선택한 세 가지 탄력적 습관은 다음과 같다.

[운동]

미니	1블록 걷기	팔굽혀펴기 2회	노래 1곡에 맞춰 춤추기
플러스	6블록 걷기	팔굽혀펴기 20회	노래 3곡에 맞춰 춤추기
엘리트	20블록 걷기	팔굽혀펴기 50회	노래 6곡에 맞춰 춤추기

어떤가? 단조롭고 고정된 목표보다 훨씬 재밌을 것 같지 않은가? 쉬운 선택지들을 보면 반드시 성공할 거라는 확신이 들고, 어려운 선택지들을 보면 더 큰 성공의 기회가 있음을 깨닫는다!

어떤 습관들은 수평적 유연성을 적용하기가 애매하거나 아예 필요치 않다. 물 마시기는 방법이 하나뿐이고, 따라서 선택지가 단계별로 하나뿐이다. 독서도 마찬가지다.

[물 마시기]

미니	1리터
플러스	2리터
엘리트	4리터

[독서]

미니	2쪽 읽기
플러스	15쪽 읽기
엘리트	40쪽 읽기

탄력적 습관은 새로운 개념이므로 어떤 식으로 작동하는지 이해하는 게 중요하다. 제임스의 사례에 '눈덩이 형'이라고 이름 붙인 이유는 그가 목표를 작게 시작해서 점점 키워가는 유형이기 때문이다.

제임스의 사례(눈덩이 형): 제임스는 처음 2주 동안 세 가지 습관 모두 최소한의 목표(미니 목표)로 도전했다. 최근에 그는 정말 힘든 시간을 보냈고 바닥을 친 기분이어서, 처음에는 그 정도의 목표로도 충분했다. 2주 뒤에 그는 습관추적일지를 보고 자기가 꾸준하게 해냈다는 사실에 뿌듯함을 느끼고 기운을 얻었다.

제임스는 아직 하루 동안에 많은 일을 하는 건 아니지만 조금씩 꾸준히 하고 있고, 심지어 몸에 변화가 약간 생긴 것도 느꼈다. 몸과 마음이 모두 바닥일 때는 위로 올라가기 위한 아주 작은 노력도 의미 있게 느껴진다.

17일째 되는 날 제임스는 스티븐 기즈의 신간인《탄력적 습관 2: 더 탄력적 습관》을 읽기 시작했다. 하루 만에 43쪽을 읽었다.

이건 엘리트 단계를 완수한 것이었다! 게다가 같은 날 물도 2리터 마셨는데, 그건 플러스 단계를 달성한 것이었다.

제임스는 다음 2주 내내 플러스 단계와 엘리트 단계를 몇 번씩 더 달성한다. 그는 이런 활동에서 꾸준히 자신감을 얻었을 뿐 아니라 자기 자신과 지금 도전 중인 습관들에 대해 날마다 더 좋은 기분을 느낀다. 처음 시작할 때는 작은 눈뭉치였지만, 이제 그 눈뭉치가 서서히 눈덩이처럼 불어나는 중이다. 두 번째 달에도 기세는 꺾이지 않는다. 그의 습관추적일지는 플러스 단계와 엘리트 단계를 달성했다는 표식으로 빼곡히 채워지고 있다. 어느새 제임스는 새사람이 되었다.

유형 2. 균형 잡힌 공격자 형

스테이시는 세 가지 탄력적 습관을 목표로 정했다. 일기 쓰기, 바이올린 연습, 비즈니스. 잊지 마라. 아래 표에서 그녀가 정한 숫자들은 그녀의 개인적인 상황에 맞춰진 것이다.

단계별 목표치는 창의적으로 구성할 수 있다. 스테이시는 일

[일기 쓰기]

미니	1문장 쓰기	-
플러스	1단락 쓰기	1문장 쓰고 1주 전체 내용 검토
엘리트	1쪽 쓰기	1단락 쓰고 1달 전체 내용 검토

기 쓰기와 내용 검토를 결합시켜서 둘 다 상승효과를 볼 수 있는 목표를 만들었다. 다만 그녀에게는 둘의 상승효과보다는 매일 일기를 쓰는 것이 더 중요하기 때문에 가장 기본이 되는 최소한의 목표는 일기 한 문장 쓰기(유일한 미니 단계)로 정했다.

당신이 목표로 하는 활동들 중에는 미니 단계가 없는 수평적 선택지들이 있을 수 있다. 예를 들어, 내 운동 목표의 수평적 선택지들 중 하나는 '헬스장 가기'다. 하지만 이 활동에는 미니 단계가 없다. 일단 헬스장에 가면 무조건 30분 이상은 운동을 하기 때문이다. 따라서 특별한 경우에 해당하는 이 선택지에는 미니 단계나 플러스 단계가 없다. 하지만 헬스장에 갈 때마다 운동량이 다르다면, 헬스장에 '가기'를 플러스 목표로, 특정 시간이나 강도로 운동하기를 엘리트 목표로 삼을 수 있다.

스테이시의 사례(균형 잡힌 공격자 형): 스테이시는 처음부터 다양한 단계를 달성했다. 습관추적일지를 보면 그녀는 첫날부터 세 단계 목표를 모두 달성했다. 패턴 같은 건 없었다. 외적인 환

[바이올린]

미니	연습 1분	음악 이론 공부 1분	연주 1곡
플러스	연습 10분	음악 이론 공부 10분	연주 3곡
엘리트	연습 30분	음악 이론 공부 30분	연주 6곡

[비즈니스]

미니	전화 1통	1명에게 이메일 보내기 (네트워킹)	사업 아이디어 2개 적기
플러스	전화 4통	3명에게 이메일 보내기	사업 아이디어 6개 적기
엘리트	전화 10통	7명에게 이메일 보내기	사업 아이디어 12개 적기

경이나 내적인 상태를 고려해 각 활동마다 미니 단계, 플러스 단계, 엘리트 단계를 유연하게 오갔을 뿐이다. 그녀는 언제나 최선을 다했고, 그거면 충분하다!

스테이시는 석 달 동안 이런 성공을 이어간다. 그녀는 한 달이 지날 때마다 전략적으로 목표치를 조금씩 올린다. 예를 들어, 플러스 단계에 '일기 한 단락 쓰기'를 두는 것은 너무 쉽다고 판단해서 두 번째 달에는 두 단락으로 올리는 식이다. 그녀는 상향 조정한 목표도 너끈히 해낸다. 언제 무엇을 해야 하는지가 정해져 있는 식상한 프로그램이 아니라 스스로 꾸려가는 그녀만의 시스템이기 때문이다. 스테이시처럼 목표치를 상향 조정하는 전략은 '고급 전술'을 다루는 장에서 자세히 살펴볼 것이다.

유형 3. 경주마 형

애들레이드는 탄력적 습관을 하루빨리 시작하고 싶었다. 그녀가 정한 탄력적 습관은 감사하기, 글쓰기, 명상이다.

애들레이드의 사례(경주마 형): 애들레이드는 열의에 불타올라 처음 열흘 동안은 세 가지 습관 모두 플러스 또는 엘리트 목표를 달성했다. 그녀의 추진력은 놀라울 정도였지만 2주 정도 지나자 새로운 목표에 대한 동기와 의욕이 서서히 식어갔다. 자기가 정한 목표를 달성하는 게 부담스러워지기 시작했다. 그래서 그녀는 11일째부터 세 습관 모두 미니 단계로 돌아갔다. 처음에는 약간 실망스러웠지만 얼마 후에는 오히려 마음이 놓이면서 흥미를 되찾았다. 그녀는 미니 단계가 너무 쉬워서 필요할 때마다 그 단계로 돌아가 숨을 돌리곤 한다. 미니 단계는 그녀가 지칠 때마다 완벽한 안식처가 되어주었다.

12일째 되는 날, 그녀는 두 가지 습관에서 미니 목표를 달성한다. 그 덕분에 의욕의 불씨가 약간 되살아났다. 자기가 그보다 잘할 수 있다는 걸 알고 있기 때문이다. 그녀는 다시 한번 플러스와 엘리트 목표 달성을 이어간다. 그러다 며칠은 미니 목표와 플러스 목표에 집중하며 잠시 쉬어가기도 한다. 그녀는 한동안 전력질주와 휴식기가 반복되는 패턴을 유지한다. 가끔 무리하기도 하지만 그래도 매일 성공을 놓치지는 않는다. 언제든 한 발 물러서서 적극적으로 휴식을 취하는 유연성이 있기 때문이다.

[감사하기]

미니	감사하는 것에 대해 1분 동안 글쓰기	감사하는 생각 1가지 깊이 성찰하기	감사 인사를 기대하지 않는 사람에게 고마운 마음 전하기
플러스	감사의 글쓰기 3분	감사하는 생각 3가지 깊이 성찰하기	두 사람에게 직접 전화나 이메일로 고마운 마음 전하기
엘리트	감사의 글쓰기 10분	감사하는 생각들에 대해 10분 동안 깊이 성찰하기	누군가에게 사거나 직접 만든 선물 전하기

[글쓰기]

미니	50단어 쓰기	탈고 5분
플러스	500단어 쓰기	탈고 30분
엘리트	1,500단어 쓰기	탈고 2시간

[명상]

미니	명상 1분	호흡에 집중해서 요가 1분
플러스	명상 10분	요가 10분
엘리트	명상 30분	요가 30분

탄력적 습관으로 성공에 이르는 방법은 저마다 다르며, 그런 스타일이나 동기부여의 차이가 탄력적 습관에서는 문제 되지 않는다. 개인적으로 나는 가끔 미니 목표가 필요하다. 그렇게 이틀

정도 미니 목표에 집중하고 나면 의욕이 솟구쳐서 다음 날 하루는 엘리트 목표를 달성할 때가 많다. 하루 동안 엘리트 단계를 두 번 달성하는 날도 드물지 않다! 한번은 헬스장에 가서 고강도 운동을 하고, 다시 1만 5,000보 이상을 걸었다(둘 다 내 엘리트 목표다). 또 어떤 날은 3,000자 넘게 글을 썼는데, 그건 엘리트 목표의 두 배 분량이었다.

습관마다 목표 달성 수준은 다를 수 있다. 나는 첫 한 달 동안 독서 활동에서 단 한 번도 엘리트 목표에 도전하지 못했다. 독서는 다른 습관들에 비해 우선순위가 낮다. 만약 내가 열 시간 동안 글을 쓰고 헬스장에서 죽을 만큼 열심히 운동했다면 책은 많이 읽지 않아도 괜찮다. 책 읽기는 노력이 필요하지만 내가 하고 싶은 일이기도 하기 때문에 조금씩 읽고도 실패처럼 느끼지 않을 수 있는 시스템이 있다는 건 굉장히 좋은 일이다.

6장을 마무리하며

목표 닻내림은 작은 승리, 중간 승리, 큰 승리의 진정한 가치를 드러내준다. 당신은 탄력적 습관을 통해 당신만의 방식으로 성공할 것이다. 탄력적 습관은 반드시 따라야 하는 정해진 규칙이 아니다. 삶의 굴곡에 따라 늘었다 줄었다 하는 재미있고 유연한 틀이다.

4부

전략 설계

: 승리할 수밖에 없는 전략 설계하기

ELASTIC HABITS

강한 노력이면, 승리할 수 있다.
강한 전략이면, 승리할 수밖에 없다.

7장

전략과 시스템 설계하기

"전략 없는 비전은 환영일 뿐이다."

— 리 볼먼 Lee Bolman

이제부터는 탄력적 습관 시스템을 어떻게 설계할지 이야기해 보자. 지금쯤 당신은 탄력적 목표가 얼마나 강력한지를 이해했을 것이다. 하지만 그 힘을 실현시킬 전략이 없으면 아무것도 얻지 못한다. 그래서 이제부터는 탄력적 습관을 일상으로 들여올 시스템을 만들어야 한다. 하지만 이건 좀 더 복잡한 일이다.

이 장에서는 탄력적 습관 시스템이 어떤 것인지, 어떻게 작동하는지, 어떤 이점이 있는지, 무엇을 기대할 수 있는지 등에 대해 전반적으로 살펴볼 것이다. 탄력적 습관을 만들기 위한 전술들은 다음과 같은 전략상의 기본 원리를 따른다.

1 … 똑똑한 추적 관리: 습관 형성에 무엇보다 중요한 것이 추

적이다. 추적은 당신의 의무이자 당신이 스스로에게 주는 보상이다. 습관을 추적하면 시간이 지나도 시들해지지 않고 꾸준히 전념할 동기를 얻을 수 있다.

여기서는 평범한 달력으로 습관을 추적하는 법을 알려줄 것이다. 또 이를 좀 더 흥미롭게 만들기 위해서 탄력적 습관 전용 추적일지도 만들었다(뒷부분의 부록에 자세히 소개해두었다). 이 추적일지는 15일 단위로 나뉘어 있어서 일반 달력보다 습관을 더 효과적으로 추적할 수 있다(28일이나 29일까지 있는 2월과 31일까지 있는 달은 응용 장에서 따로 다룰 것이다). 여러 기간을 분석하고 테스트해본 결과, 한 주는 너무 짧고 한 달은 너무 길며 1년은 부담스러웠다. 습관을 추적하기에는 약 2주가 알맞았다.

탄력적 습관 전략을 시작하면 15일마다 결과에 점수를 매기고, 그 점수를 다른 주기의 점수와 비교해서 진척 상황을 확인할 수 있다. 한 달이 지나면 두 주기의 점수를 합산해 그달의 점수를 낸다. 탄력적 습관은 목표 달성의 단계가 여럿이기 때문에 점수를 통해 성과를 평가해야만 목표를 더 많이, 더 꾸준히 달성하도록 동기를 부여받을 수 있다(꾸준함에는 보너스 점수도 있다!). 습관 추적일지는 마지막에 자세히 다룰 것이다.

2 … 쉽고 간단한 실행: 세상에는 이론으로 보나 디자인으로 보나 감탄을 자아내는 멋진 시스템들이 있다. 데이비드 알렌의 《끝도 없는 일 깔끔하게 해치우기》가 좋은 예다. 하지만 이 시스

템에는 일부 사람들이 적용하기 힘든 치명적인 결함이 있다. 나는 알렌의 시스템을 두 번 시도했지만 모두 실패했다. 번번이 요구하는 게 너무 많았다. 구성 요소가 너무 많았고 매일 세심하게 관리해야 할 것들이 넘쳐났다. 그렇지만 지금도 나는 그 유명한 2분 법칙(2분 안에 끝낼 수 있는 일은 생각하지 말고 그냥 해라)을 비롯해 그 책에 나오는 아이디어들을 열렬히 신봉한다.

습관 시스템을 유지하려면 여기 걸리는 시간과 실행할 행동을 최소화해야 한다. 탄력적 습관으로 만들 행동을 일단 정하고 나면, 이 시스템을 유지하는 데는 말 그대로 하루에 20초가 안 걸린다. 위에서 추천한 대로 15일마다 점수를 매긴다면, 2주에 약 5분이 걸리는 셈이다.

3 … 삶을 의식하는 방법: 똑똑한 시스템은 어떤 상황에서든 그에 맞는 해결책을 내놓아야 한다. 탄력적 습관 시스템은 변화무쌍한 세상에서 바쁘게 살아가는 현대인의 삶을 토대로 구축되었다. 덕분에 당신은 휴가 중이든 습관을 빼먹은 날이든 해결 방법을 찾을 수 있다. 또 이 시스템은 유연성이 핵심이기 때문에 고정된 목표를 추구하는 다른 시스템들보다 더 '삶을 의식'한다.

4 … 구체적인 목표와 의도: 탄력적 습관은 일상과 자연스럽게 통합되는 특징이 있다. 쉽게 말해, 그날의 목표와 습관이 '습관 포스터'처럼 구체적인 형태로 현실에 '존재'하게 할 수 있다는

얘기다. 자신의 습관을 '눈에 보이는 형태'로 만들어 곁에 둘 수 만 있다면, 당신은 당신이 정한 목표나 습관과 매일 상호작용할 수 있다. 이에 관해서는 책 뒷부분의 부록에서 '탄력적 습관 키트'를 설명하면서 자세히 다루겠다.

5 … 자동화된 문제 해결: 우리는 습관을 들여나가는 과정에서 수많은 문제를 맞닥뜨린다. 대개는 내적인 갈등인 경우가 많다. 예를 들면, 우리는 자꾸 변명을 붙이거나 완벽함을 추구한다(그래서 아예 아무것도 못 한다). 또는 몇 달 전에 자신이 정한 지루하고 똑같은 목표에 싫증을 내고 실행을 미룬다. 대부분의 책이나 시스템에서는 이런 문제들을 개별적으로 극복하는 방법을 모색한다. 하지만 그보다 좋은 방법이 있다.

탄력적 습관이라는 시스템과 방법론은 그런 문제들이 저절로 해결되도록 설계되어 있다. 예를 들어, 변명은 변명이 필요 없을 정도로 쉬운 미니 목표로 해결된다. 완벽주의자들은 매일 습관 추적일지를 채우면서 만족감을 얻을 수 있다. 또 동기부여의 스위트스폿이 여러 개여서 다양한 방법으로 의욕을 높일 수 있다. 마지막으로, 이 시스템은 늘 새롭고, 끊임없이 흥미를 자극하며, 언제나 당신의 상황에 적응한다.

설계가 잘되어 있으면 문제 해결이 쉬워진다. 설계가 훌륭한 시스템은 문제가 생기기도 전에 그 문제를 해결한다. 이 시스템을 제대로만 활용하면 빼먹기 십상인 식상한 목표를 추구할 때

흔히 겪는 내면의 걸림돌을 치우느라 진땀 빼지 않아도 된다. 걸림돌이 저절로 사라지는 신기한 경험을 하게 될 것이다.

6 … 수평적 유연성: 원래 작은 습관의 오리지널 버전에는 혼합형 작은 습관이라는 게 있어서 약간의 수평적 유연성을 확보해주었다. 탄력적 습관은 습관으로 들이려고 하는 활동마다 복수의 선택지를 정하는 걸 추천하기 때문에 작은 습관보다 수평적 유연성이 더 높다.

수평적 유연성의 예

- **기타:** 음악 이론 공부, 코드 연습, 곡 연습
- **운동:** 역기 운동, 유산소운동(고강도 인터벌 운동!), 스트레칭/요가, 스포츠 경기, 활동적으로 휴일 보내기(걷기, 수영 등)
- **글쓰기:** 본문 쓰기, 본문 편집, 조사, 출판
- **청소:** 구역 하나 또는 방 전체를 청소하고 정리하기, 한 가지 방법으로 청소하기(먼지 털기, 청소기 돌리기, 물걸레 청소 등), 불필요한 물건(잡동사니) 없애기, 마룻바닥에 있는 물건 줍기

수평적 유연성과 더불어 시간을 선택할 수 있다는 장점은 어떤 습관에든 효과적이다(예, 청소 1분). 예를 들어 처음 기타를 치는 사람은 아직 손끝의 피부가 연약해서 기타 줄에 상처도 잘 나고 피를 보기도 한다. 상처가 나 있는 동안에는 상처가 아물고 피

부가 두꺼워지도록 연습을 쉬어야 한다. 이때 수평적 유연성이 있으면 손가락이 나을 때까지 실전 연습을 이론 공부로 대체해서 목표 달성을 이어갈 수 있다.

이번에는 운동을 예로 들어보자. 운동하는 방법은 무한하다. 그럼에도 같은 운동을 매일 반복해 습관으로 들이려 하면 한계에 부딪히게 된다. 가령 고강도 인터벌 운동이나 근육운동을 비롯해서 강도 높은 운동을 하는 사람들에게는 근육을 회복할 시간이 필요하다. 심지어 영화배우 드웨인 존슨Dwayne Johnson같이 전투적인 운동 애호가들도 매주 운동을 쉬는 날이 있다.

탄력적 습관에는 수평적 유연성이 있어서 운동 습관에 일상적인 활동을 포함시킬 수 있다. 가령 쉬는 날에는 본격적인 운동 대신 산책이나 가벼운 수영으로 목표를 달성하는 것이다. 그러면 몸 상태나 기분에 상관없이 언제든, 어떤 방식으로든 목표를 달성할 수 있다. 하지만 그보다 좋은 것은, 쉬는 날에도 엘리트 목표를 달성할 수 있다는 점이다(바로 다음에 살펴볼 것이다). 수평적 유연성이 있으면 계획이 틀어졌을 때도 목표 달성을 하지 못했다는 죄책감을 느끼거나 후회할 일이 없다. 언제든 방향을 바꿔 연승을 이어갈 수 있기 때문이다.

이게 얼마나 대단한 일인지 한번 보자. 나는 테마파크가 밀집해 있는 올랜도시에 산다. 내 세 가지 탄력적 습관은 독서, 글쓰기, 운동이다. 그런데 내가 하루 종일 테마파크에서 놀고 싶다고 해보자. 그런 날에도 나는 그곳에서 (보통은 집이나 헬스장에서 달성하는) 하루치 목표들을 전부 달성할 수 있다.

- **운동:** 내 걷기 운동의 미니 목표, 플러스 목표, 엘리트 목표는 각각 5,000보, 1만 보, 1만 7,000보다. 테마파크에서 하루 종일 시간을 보내면 엄청난 양을 걸을 수 있고, 하루를 활기차게 보냈다는 보상까지 얻는다.
- **글쓰기:** 휴대전화 전용 앱으로 어디서든 글을 써서 목표를 달성할 수 있다. 앱에 쓴 글은 나중에 컴퓨터로 옮긴다.
- **독서:** 역시 휴대전화로 책을 읽을 수 있다. 놀이기구 앞에 줄을 서는 시간은 책을 읽을 절호의 기회다!

습관을 만들기 위한 모든 활동을 밖에서 실행할 수 있는 건 아니지만 보통 어떤 식으로든 방법을 찾을 수 있다. 온몸에 깁스를 하는 바람에 당신이 정해둔 어떤 운동도 할 수 없는 상황이라면 새로운 선택지를 생각해내면 된다. 탄력적 습관에서는 이런 일이 가능한 정도가 아니라 적극 권장된다. 하지만 '성공 아니면 실패'로 나누는 일반적인 목표 전략에서는 이런 임기응변을 실패로 여긴다. 둘 사이의 차이가 보이는가? 여러 대안 중에 하나를 골라 매일 성공해라. 적응하고 정복해라!

7 … 수직적 유연성: 이것은 수평적 유연성 못지않게 중요하다. 탄력적 습관에서는 목표치를 가장 힘든 최고점부터 '숨쉬기' 만큼 쉬운 최저점까지 마음대로 늘였다 줄였다 할 수 있다.

6장에서 보았듯이 수직적 유연성은 목표 닻내림을 통해 작은 목표는 더 작게, 큰 목표는 더 크게 하는 효과를 낸다. 나는 이걸 양방향 지렛대 효과라고 부른다. 비교를 통해 작은 목표는 더 쉬워 보이게, 큰 목표는 더 두드러져 보이게 할 수 있기 때문이다.

수직적 유연성의 핵심은 목표치를 구체적으로 정하는 것이다. 예를 들어, "달리기를 할 거야!"라는 선언은 얼마나 뛸지가 정해져 있지 않아서 수직적인 유연성은 있지만 일정 거리를 뛰어야 할 이유나 보상이 전혀 없다. 이것보다는 "1킬로미터를 뛰겠어"라고 명확하게 말하는 편이 좋다. 여기에 수직적 유연성까지 주고 싶다면 "매일 500미터, 1킬로미터, 아니면 5킬로미터를 뛰겠어"라고 말하라.

목표에 수직적 유연성을 더하는 것은 밍밍한 요리에 신선한 허브와 양념으로 풍미를 더하는 것과 같다. 수직적 유연성이 있으면 매일의 도전이 흥미진진해진다.

수직적 유연성이 있으면 언제든 쉴 수 있고, 언제든 자신의 한계를 뛰어넘어 도전할 수 있다. 상황에 따라 그때그때 필요한 목표를 마음대로 고를 수 있다.

8 … 살아 움직이는 목표: 당신이 전형적인 목표를 세웠다고 가정해보자. 그런 목표는 고정불변이기 때문에 시작도 하기 전에 지루해지고, 목표를 세우자마자 일처럼 느껴진다.

예를 들어, 하루에 한 시간씩 피아노 연습을 하기로 했다면 당신은 매일 목표를 달성하느라 버거움을 느끼겠지만 탄력적 습관은 이 과정에 재미를 부여한다!

탄력적 습관 전략을 쓰다 보면 언젠가는 엘리트 목표를 두 배 혹은 그 이상 달성하고 스스로 깜짝 놀랄지 모른다. 오전에 엘리트 단계를 달성했는데, 그날 오후에 또 엘리트 단계를 달성했다고 생각해보라! 이런 놀라운 승리의 주인공이 바로 당신이 되는 것이다. 그런 승리를 얻은 기분은 정말 말로 표현하지 못할 정도다.

시간이 어느 정도 지나면 전략을 수정해 목표치를 높거나 낮게 조정할 수 있고, 심지어 옆으로 옮길 수도 있다. 괜히 기분 전환 삼아 수평적 선택지를 다른 활동으로 바꿀 수도 있다. 예를 들어 운동 습관을 들이기 위해 주로 요가를 했다면, 요가를 한동안 플라이오메트릭(스피드, 점프력, 순발력을 높여주는 운동)으로 대체하는 식이다. 탄력적 습관 시스템에서는 이런 전환이 아주 자연스럽다.

9 … 자연스러운 보상 경험: 외적인 보상은 습관 형성에서 핵심적인 요소다. 하지만 설계가 잘된 시스템에서는 어떤 행동을 강화하기 위해 외적인 보상을 줄 필요가 전혀 없다(필요하다 해도 최소한이면 충분하다). 시스템 안에 이미 보상 체계가 포함되어 있기 때문이다.

1. 목표의 크기에 상관없이 성공만으로도 힘이 된다.

2. 더 큰 목표를 달성할 때마다 흥미진진한 경험을 한다.
3. 실제로 달라지는 자신을 보는 일이 그 무엇보다 짜릿하다.
4. 며칠, 몇 주, 몇 달 동안 이어지는 성공이 자신감을 북돋는다.
5. 습관으로 들일 행동들은 각각 나름의 보상이 있다(운동은 엔도르핀, 독서는 지식, 명상은 평온함 등을 준다).

가장 흥미진진한 목표들을 이뤄내고 삶을 뒤바꿀 평생의 습관을 들이는 것은 그 어떤 외적인 보상보다 훨씬 값지다. 당신의 뇌와 행동을 좋은 방향으로 변화시키는 건 정말 기분 좋은 일이다. 물론, 여기서 문제는 목표 달성 전까지의 과정이 구체적이지 않다는 것이다. 그래서 그 과정을 구체화시켜줄 도구들을 만들어보았다(이 내용은 부록에서 자세히 소개할 것이다). 이 도구들을 활용하면 달라지는 자신의 모습을 막연히 느끼는 게 아니라 당신이 쌓아올리는 성공을 가시적으로 표현할 수 있게 된다.

이제 전략과 전술을 살펴볼 차례다.

목표는 전략에, 전략은 전술에 영향을 미친다

4장에서 인용했던 손자의 말은 굉장히 중요하다. 전략이야말로 승리를 이끄는 진정한 동력이기 때문이다.

"사람들은 모두 내가 승리한 모양은 알아도 내가 승리를 만들어나간 전술의 바탕은 알지 못한다. 그러므로 한 번 전쟁에서 승리한 방법을 되풀이해서는 안 되고, 적의 형태에 따라 무궁무진한 전략, 전술의 변화로써 대응해야 한다."

이 책을 한 문장으로 요약하면, 손자의 말에서 강조한 부분이 된다. 즉 탄력적 습관을 전략 삼아 전술(목표로 하는 활동의 유형과 양)을 매일 다르게 구사하는 것이다. 특히 전략에 따라 전술이 바뀐다는 점이 핵심이지만 너무나 많은 사람이 전략은 제쳐두고 전술에만 집중한다.

성공하는 사람들을 옆에서 지켜볼 수는 있지만, 그들의 성공을 베낄 수는 없다. 손자가 말했듯이 성공의 전술들의 바탕이 되는 전략을 간파하는 것은 쉬운 일이 아니기 때문이다. 전술만 믿으면 안 되는 이유를 실감하게 하는 유명한 일화가 있다.

세기의 게임

13세 체스 신동 바비 피셔Bobby Fischer와 26세의 로버트 번Robert Byrne이 맞붙었던 체스 경기는 '세기의 게임'이라 불릴 만큼 체스 팬들 사이에서 유명해졌다. 이 대국이 이렇게 유명해진 것은 번이 비숍을 움직여서 피셔의 퀸(체스에서 가장 강력하고 두 번째로 중요한 말)을 공격한 것이 시작이었다. 다른 선수들이었다면 퀸을 지키기 위해 다른 곳으로 이동시켰겠지만, 피셔는 대신 비숍을 움직였다. 번의 다음 수는 뻔했다. 그는 피셔의 퀸을 잡았다. 관중과 해설자들은 피셔가 졌다고 생각했다. 그가 이해할 수 없는 전술적 실수를 저지른 것처럼 보였기 때문이었다.

하지만 번은 피셔의 퀸을 잡은 이후 나이트와 비숍으로 조여오는 피셔의 공격에 연속으로 대패했다. 피셔는 번을 여러 차례 궁지로 몰아넣었다. 피셔는 번의 전술을 번번이 좌절시켜서 그가 승부수를 던지기 전에 싹들을 잘라냈다. 처음에는 피셔가 미친 것 같았다(내가 처음에 하루 팔굽혀펴기 한 번을 했을 때도 그랬다). 퀸을 포기한다는 것은 상식적으로 도저히 말이 되지 않는 짓이었기 때문이다. 하지만 이 대국을 빛낸 피셔의 눈부신 전술들은 상대보다 훨씬 고차원적인 전략을 짜는 능력에서 나온 것이었다. 그는 퀸을 포기하는 대신, 하나씩 따로 떼어놓고 보면 덜 중요하지만 모두 합쳐지면 훨씬 가치 있는 적의 말 여러 개를 잡았다. 결국 피셔는 가볍게 승리했다.

피셔의 핵심적인 전술, 즉 퀸을 희생시킨 결단은 '번과의 대국'이라는 특정 맥락에서 이루어진 것이다. 모든 전술은 특정한 맥락 안에서 이루어진다. 따라서 누군가의 전술을 모방한다 해도 그 결과는 천차만별이다. 우리는 자기만의 맥락 안에 산다. 실질적인 결과를 얻고 진정한 성공을 거두기 위해서는 언제나 전략을 먼저 세운 다음 그에 따라 전술을 펼쳐야 한다. 지략이 돋보이는 전술은 모방할 수 있는 것도 아니고 난데없이 하늘에서 뚝 떨어지는 것도 아니다. 전략을 통해 직접 만들어지는 것이다. 누군가의 전술을 따라 하고 싶다면, 그 뒤에서 움직이는 전략(어떤 맥락 안에서 왜 그런 행동을 하는지)을 간파해야 한다.

사람들은 보통 일반적인 목표를 벽에 못 박듯이 정한다. 이를테면 더 건강해지겠다, 정원을 더 잘 가꾸겠다, 바이올린 실력을 쌓겠다, 책을 더 많이 읽겠다는 식이다. 그런데 거기서 끝이다. 전술에 만족할 뿐, 전략이 없다.

'몸무게 23킬로그램 줄이기'는 전략이 아니라 '체중 감량'보다 좀 더 명확한(하지만 여전히 일반적인) 표현일 뿐이다. 이것은 단순한 선언이고, '체중을 줄여줄 활동을 하는 것'이 실제 전략이다. 이런, 대체 무슨 활동을 어떻게 하란 말인가? 상황이 여의치 않을 때는 어떻게 하나? 이건 전쟁터에서 장군이 이렇게 외치는 것이나 다름없다. "적들을 진짜 제대로 쓸어버려라!" 이 말에 손자가 고개를 저을 것이다.

진짜 전략은 자신의 강점과 약점을 분석하고, 잠재적인 장애물과 기회(주어진 환경)를 예측하고, 평범한 맥락과 예외적인 맥락 모두에서 가장 큰 성공을 가져다줄 계획을 짜는 것이다. 진짜 빼어난 전략은 당신을 끊임없이 유리한 위치에 올려놓고 당신이 들이는 노력을 지렛대로 활용한다. '30일 도전하기'는 '진짜 제대로 하기' 전략보다 약간 나을 뿐, 절대 좋은 전략이 아니다.

우리가 흔히 쓰는 전략들은 너무 형편없어서 당신이 최고의 상태일 때만 효과가 있다. 그렇다면 습관 형성과 목표 달성에 효과적인 전략은 어떤 것일까? 이번에도 역사상 가장 위대한 전쟁 전략가 손자에게 약간의 지혜를 빌려보자.

승리에 필요한 다섯 가지 필수 요건

《손자병법》은 역사상 최고의 전략서다. 그가 제시한 전략들은 단순히 전쟁터만이 아니라 우리 삶 전반에 적용할 수 있다. 삶은 다양한 측면에서 전쟁이다. 우리는 옳은 일을 하기 위해 자기 자신과 싸운다. 우리 앞을 가로막는 상황에 맞서 싸운다. 시간, 에너지, 자원의 한계에 맞서 싸운다. 하루하루가 이상적인 삶을 가로막는 외적, 내적 힘에 맞서는 전쟁터인 셈이다.

개인의 발전 과정은 마치 전쟁과 같아서 손자 같은 전략의 대가에게 배워야 할 값진 교훈들이 많다. 그는《손자병법》에서 승리에 필요한 다섯 가지 필수 요건을 제시했다. 나는 이미 이 필수 요건들을 더 좋은 습관과 더 나은 삶을 살아가기 위한 일상의 전투에 적용해왔다. 탄력적 습관을 추구하는 사람들의 변화무쌍한 전술은 그동안 소개되었던 전술들과 달라 보일 것이다. 그들의 전술은 고도로 전략적인데다 1,000년에 걸쳐 검증된 확실한 개념에 바탕을 두고 있기 때문이다. 손자가 제시한 성공의 다섯 가지 필수 요건은 다음과 같다.

1. 싸워야 할 때와 싸우지 말아야 할 때를 아는 자가 승리한다.

2. 많은 병력이든 적은 병력이든 모두 운용할 줄 아는 자가 승리한다.
3. 지위를 막론하고 장수부터 병사까지 모두 한마음으로 싸울 때 승리한다.
4. 만반의 준비를 하고 기다렸다가 태세를 갖추지 못한 적을 맞아 싸우면 승리한다.
5. 군사적 지략이 뛰어난 장수가 군주의 간섭을 받지 않으면 승리한다.[7]

이제 하나씩 살펴보자.

1 … 싸울 때와 싸우지 말아야 할 때를 아는 자가 승리한다.

전쟁은 타이밍이 생명이다. 유리한 시점에 공격하느냐 아니냐가 승패를 가른다.

단조롭고 엄격한 목표를 일상에서 달성하는 것은 거의 불가능하다. 그런 목표는 매일 같은 방식으로 전투를 치르게 하기 때문이다. 그래서 전세가 불리한 날에는 질 수밖에 없다. 지는 날이 하루하루 쌓이면 전쟁 전체에서 패할 가능성이 커진다. 반대로 전세가 유리한 날에는 자기 역량을 다해 공격적으로 싸우지도 못한다. 엄격한 목표에는 상황에 따라 전술을 바꾸는 융통성이 없기 때문이다. 즉 당신이 아무리 전략적 기량이 뛰어나도 그걸 써먹을 기회가 없다는 얘기다.

하지만 탄력적 습관에는 유연성이 있기 때문에, 치열한 전투를 피하고 싶은 날에는 목표를 미니로 낮추고 나중에 야심만만한 목표를 추구하면 된다(전쟁터로 비유하면 생존을 위한 전술 전환이다).

한바탕 싸움을 치러야 할 때가 되면, 당신에게는 이미 대승을 거둘 수단과 동기가 마련돼 있다(더 큰 도약을 위한 전술 전환이다). 준비가 됐을 때 싸우면 최고의 결과와 최상의 만족감을 얻을 수 있다. 여기서 다른 점은 당신은 이미 승리할 만반의 준비가 되어 있다는 점이다. 그래서 엘리트 목표를 시도하면 거의 언제나 그 목표를 달성할 수 있다. 왜일까? 모든 조건이 당신에게 유리하고, 당신은 승리에 필요한 모든 일을 할 수 있기 때문이다.

2 … 많은 병력이든 적은 병력이든 모두 운용할 줄 아는 자가 승리한다.

손자는 적의 병력에 비해 수적으로 우세한 상황과 열세한 상황에 대처할 방법을 알아야 한다고 지적한다. 두 상황에 필요한 전략과 전술은 극적으로 다르다.

《손자병법》 연구자인 장유Chang You는 이렇게 말했다. "《손자병법》에 따르면, 적은 병력으로도 많은 병력을 물리칠 수 있고, 그 반대도 가능하다. 비결은 지형을 읽는 눈 그리고 결정적인 기회를 놓치지 않는 판단력이다." 그래서 손자는 말한다. "병력이 우세하면 수월한 지대로 향하고 열세하면 험한 지대로 향해라."[8]

즉 전쟁터에서 아군과 적군의 병력을 비교해서 그 많고 적음에 따라 적절한 지형을 택하라는 것이다.

이 조언은 탄력적 습관의 수평적 유연성에 멋지게 들어맞는다. 예를 들어, 나는 탄력적 습관 전략으로 체력 단련을 한다. 이 습관에는 격렬한 운동부터 '적극적인 휴식(일상을 활동적으로 보내는 것으로 운동을 대신한다)'까지 모두 포함된다. 장소는 헬스장이든 집이든 어디든 좋다. 힘이 넘치는 날에는 헬스장에서 격렬한 운동을 한다. 하지만 다음 날 회복할 시간이 필요하다고 느끼면 목표를 '적극적인 휴식'으로 정하고 근처 호수를 산책한다. 탄력적 습관 전략을 활용하면, 상황에 맞게 어떤 활동을 어디에서 어떤 강도로 할지 마음대로 정할 수 있다. 현재 자신의 체력과 방해 요소들을 저울질해 유리한 지형을 고를 수 있다.

3 … 지위를 막론하고 장수부터 병사까지 모두 한마음으로 싸울 때 승리한다.

한마디로 단결해야 한다. 전쟁에서 이기려면 모든 병사가 하나의 정신으로, 한 팀을 이루어야 한다. 단결력은 모든 구성원의 유대감, 정신력, 충성심, 의사소통을 강화한다.

탄력적 습관에서도 미니 단계, 플러스 단계, 엘리트 단계의 목표들이 한 몸처럼 움직여야 더 큰 힘을 발휘한다. 탄력적 습관을 만들겠다고 말하고는 미니 단계와 플러스 단계는 무시하고 무조건 엘리트 단계에만 집중하는 사람이 있을지 모른다. 하지만 지위가 낮다고 보병을 함부로 대하면 어떻게 될까? 그 보병들은 결정적인 순간에 지휘관들에게 충성해야 할 이유를 찾지 못하고 그대로 달아나버릴 것이다. 지위를 막론하고 병사 한 사람 한 사람이 더 강한 군대를 만들듯이, 세 단계로 나뉜 탄력적 습관이 당신이 목표로 정한 중요한 활동을 더 많이 하도록, 그래서 결국 그 활동을 습관이 되도록 돕는다.

나는 탄력적 습관을 추적할 때 색깔별 스티커를 사용하라고 권한다(응용 장에서 자세히 설명할 것이다). 군대에서 배지, 휘장, 수장袖章, 색깔 등의 차이로 계급을 나타내듯이, 이 스티커들도 각 단계를 암시하는 색깔의 차이를 제외하면 모두 똑같아 보인다. 이것은 가장 중요한 목표(매일 목표를 이루고 추적일지의 빈칸을 채운다)에 모든 단계가 똑같이 중요하고 각자 독립적으로 기여한다는 사실을 보여준다.

4 … 만반의 준비를 하고 기다렸다가 태세를 갖추지 못한 적을 맞아 싸우면 승리한다.

적보다 먼저 전쟁 준비를 끝냈다면 그보다 좋은 공격 타이밍이 어디 있겠는가. 하지만 손자는 '기다리라'고 말한다. 준비가 끝나자마자 돌격하는 대신, 적이 당신의 공격을 예상치 못해 당신이 얻을 이익이 극대화되는 시점을 기다리라는 것이다.

나는 '행동의 변화(습관 들이기)'가 '긍정적인 변화를 가로막는 적', 즉 자기 자신의 뇌와 벌이는 긴 전쟁이라고 생각한다. 사실 뇌는 진짜 적이 아니라 동료다. 하지만 당신이 새로운 도전에 나섬으로써 뇌를 당황하게 하면 마치 적처럼 당신에게 반기를 든다.

잠재의식은 처음에는 모든 변화에 저항한다. 늘 하던 대로 하는 걸 더없이 좋아한다. 당신이 성장을 위해 시도하는 어떤 적극적인 노력도 언제든 막아설 준비가 되어 있다. 하지만 탄력적 습관 전략은 뇌가 순순히 받아들일 수 있는 속도로 서서히 행동을 변화시킨다.

더 나은 행동 패턴을 만들어가다 보면 모든 목표치를 어서 끌어올리고 싶다는 유혹을 느낄지 모른다. 하지만 특정 습관을 뒷받침해주는 신경회로가 만들어져 있지 않으면 금세 다시 예전의 행동으로 돌아가게 된다. 변화에는 인내심이 필요하다. 변화는 단숨에 일어나지 않는다. 우선 이 사실부터 받아들여야 한다.

탄력적 습관 전략으로 습관을 들이면 당신은 점점 더 그 분야에 숙달될 준비가 되고, 당신의 뇌도 그걸 받아들이기 위해 변하기 시작할 것이다. 당신의 뇌는 당신을 방해할 여유가 점점 더 없어지고 당신은 다음 단계로 나아갈 준비를 더 많이 하게 된다.

당신은 당장이라도 삶을 바꾸고 싶을 것이다. 하지만 곰 가죽을 뒤집어쓴 용맹한 전사처럼 목표를 향해 돌진하기 전에 당신의 뇌와 습관이 잠재의식 수준에서 변할 때까지 기다려야 한다. 인내심을 갖고 당장 얻을 수 있는 작은 승리들을 받아들여라. 꾸준함만 잃지 않으면 이 긴 전쟁의 승리는 당신 몫이다.

5 … 군사적 지략이 뛰어난 장수가 군주의 간섭을 받지 않으면 승리한다.[9]

장수가 군사 작전을 성공시키려면 그때그때 상황에 따라 자유롭게 결정할 자율권이 있어야 한다. 이 책은 '행동의 변화'라는 전쟁에서 승리하기 위한 포괄적인 지시와 함께 그 전쟁에서 써먹을 방법과 요령을 알려준다. 탄력적 습관의 기본 발상은 당신에게 일상적인 전투에서의 자율권을 줘서 최종 승리를 거두는 것이다. 이 책을 읽는 수많은 독자들은 다양한 삶을 살아간다. 어떤 사람도 타인과 똑같은 하루를 보내지 않고, 어느 하루도 똑같이 반복되지 않는다. 오늘 하루 동안 어떤 습관을 어떻게 종·횡으로 움직여서 어떤 유형, 어떤 크기의 승리를 달성할지 결정할 장수는 바로 당신이다.

전형적인 목표나 시스템은 언제, 무엇을, 어떻게 할지 모든 걸 지시하는 군주와 비슷하다. 그런 엄격한 시스템을 따르면, 당신은 시시각각 달라지는 전쟁터의 상황을 전술에 반영할 수 없고, 따라서 삶이라는 전쟁터의 큰 그림을 보고 전략을 수정하는 장수 역할도 할 수 없다. 하지만 탄력적 습관을 따르면 장수 역할은 당신 몫이 된다. 그리고 아마 당신도 그것이 마음에 들 것이다.

손자가 생각하는 승리의 필수 요건들에는 공통점이 있다. 병력, 지형, 준비 상태 등의 조건에 따라 전략적인 판단을 내릴 자유 그리고 유연성이다. 아마 손자가 습관 전략을 짰다면 탄력적 습관에 가까웠을 것이다.

세상에 어떤 전략도 매일 스스로 전략을 조정할 수 있는 유연성과 자유를 주지 않는다. 세상에 어떤 전략도 일상의 조건에 기초해 성공으로 향하는 나만의 길을 만들어갈 자율권을 주지 않는다. 다른 어떤 전략도 우리가 '행동의 변화'라는 전쟁에서 승리할 더 나은 기회를 제공하지 않는다.

7장을 마무리하며

지지만 않으면 이기는 것이나 다름없는 날이 있는가 하면, 반드시 이겨야 하는 날도 있다. 탄력적 습관 전략은 당신에게 양극단 사이의 모든 날에 유연하게 대처할 자율권을 준다. 어떤 상황이 닥쳐도 당신이 준비되지 않았다고 느끼는 일은 없을 것이다.

다음 장에서는 우리 삶에 선택지와 유연성을 더하려는 경우 어떤 위험과 영향이 생기는지 알아보자.

8장

선택지 개수는 어느 정도가 적당할까

"선택지가 아예 없는 것보다 몇 개라도 있는 게 낫다. 그렇다고 해서 선택지가 많을수록 낫다는 의미는 아니다."

— 배리 슈워츠

안정성과 유연성 모두 나름의 가치가 있지만, 둘이 합쳐지면 더욱 강력해진다. 완전히 단단한 물체는 휘지 않는다. 반면 완전히 유연한 물체는 스스로 지탱하지 못한다. 안정성은 구조와 통제를 담당한다. 유연성은 선택지와 기동성을 담당한다. 우리에게는 둘 다 필요하다!

어깨 관절은 우리 몸에서 안정성이 가장 낮다. 하지만 덕분에 유연하고 역동적인 움직임이 가능하다. 반대로 엉덩이와 다리를 연결해주는 고관절은 안정성이 가장 높다. 덕분에 우리가 서 있는 동안 온몸을 지탱해주면서도 에너지는 상대적으로 거의 소모하지 않는다. 우리가 찾는 것은 고관절처럼 튼튼한 구조를 토대로 어깨 관절처럼 역동적으로 목표와 습관을 추구하게 해줄 전략이다.

탄력적 습관은 그동안 당신이 봐왔던 전략 중에 가장 유연한데다 그 유연성을 최대한 활용하게 해주는 안정성까지 갖췄다. 어깨 관절의 강력한 기동성과 에너지 소모가 적은 고관절의 안정성을 두루 갖춘 새로운 관절인 셈이다.

안정성에 치러야 하는 에너지 비용

안정적인 고관절은 대단히 크게 근육을 수축할 필요가 없기 때문에 큰 에너지를 들이지 않고도 몸을 지탱할 수 있게 해준다. 그렇다면 목표 추구와 습관 형성에서 근육 수축에 해당하는 것은 무엇일까? 우리 에너지를 고갈시키는 것은 무엇일까?

삶에 목적이 없을 때 안정성도 잃어버리는 것을 경험해 보였을 것이다. 하지만 목표를 추구하고 습관 형성 전략에 안정성을 더하는 데에도 에너지가 든다. 이 과정에서 에너지를 요구하는 것이 무엇일까? 바로 엄격함이다. 왜일까? 목표 시스템이 엄격하다는 말은 그 시스템이 당신에게 더 많이 노력할 것을 요구한다는 의미다. 반대로 목표 시스템이 유연하다는 것은 목표가 당신에게 맞춰지기 때문에 성공을 위한 노력이 덜 든다는 얘기다.

간단한 예를 들어보자. 매일 1킬로미터를 달리겠다는 목표를 정한 사람(엄격한 목표)과 탄력적 습관 전략으로 운동하는 사람(안정된 틀 속에 유연한 목표)은 어떻게 다를까?

첫째 날: 다니엘은 바쁘고 피곤한데다 마감까지 다가와 있다.

- 보통의 목표라면, 어쨌든 그는 1킬로미터를 뛰어야 한다.
- 탄력적 습관이라면, 노래 한 곡에 맞춰 춤을 추고 작은 목표를 이룰 수 있다.

둘째 날: 다니엘은 달리기를 할 시간과 의욕, 에너지가 있다.

- 보통의 목표라면, 이번에도 그는 1킬로미터만을 뛰어야 한다.
- 탄력적 습관이라면, 목표를 2킬로미터로 높일 수 있다. 그리고 실제로 2킬로미터를 뛴다!

위의 예에서 다니엘이 각각의 전략으로 이틀 동안 달린 거리는 2킬로미터로 똑같다. 하지만 전개되는 상황은 전혀 다르다.

탄력적 습관을 따를 경우 첫째 날에는 운동량을 줄이고 둘째 날에는 늘릴 자유가 있었다. 그것은 다니엘의 삶의 흐름과도 일치했다. 그런 유연함은 다니엘이 힘을 얻고 자기 삶을 스스로 통제하고 있다는 자율권을 느끼게 하며 더 많은 것에 관심을 갖기 위해 필요한 것이었다. 반대로 엄격한 습관 전략을 따를 때는 바쁜 날에도 한가한 날과 똑같은 목표치를 달성해야 했다.

이렇듯, 엄격한 목표를 따르고 유지하는 데는 많은 에너지가 드는 반면 유연한 목표는 언제든 삶의 흐름에 따라 바꿀 수 있기 때문에 에너지가 훨씬 적게 든다. 다니엘이 원하는 건 달리기와 건강 유지라는 사실을 기억하자. 탄력적 습관은 매일 그와 함께하며 용기를 북돋우면서 그의 욕망을 키우지만, 보통의 목표는 그의 에너지를 엉뚱한 데 쓰게 한다.

엄격함은 우리의 자유, 자율성, 힘을 위협할 수 있기 때문에 신중하고 정밀하게 접근해야 한다.

탄력적 습관의 네 가지 특징

지금까지 이야기해왔듯이, 탄력적 습관 시스템에서 유연성은 정말 중요하다. 여기 소개하는 네 가지 특징은 탄력적 습관의 구조를 이룬다.

첫 번째 기둥: 탄력적 습관은 매일 실행해야 한다. 이것이 이 시스템에서 유일하게 엄격하고 융통성 없는 부분이다. 언제, 어떻게 목표를 실행할지는 자율적으로 정할 수 있지만, 반드시 실행해야 한다는 원칙은 변함이 없다! 대부분의 목표 시스템에서는 '매일'이라는 단어가 위협적으로 들리지만 탄력적 습관에서는 그렇지 않다. 작은 목표를 끝내는 데는 1분도 걸리지 않기 때문이다. 하루 종일 잊고 있었더라도 잠들기 직전에 잠깐 하면 된다. 그러면 위협이 사라지고 승리가 이어진다.

두 번째 기둥: 탄력적 습관은 승리를 얻을 수 있는 단계가 수평적·수직적으로 제한되어 있다. 내가 연구해본 결과, 목표는 네 단계보다 세 단계가 훨씬 낫다. 사람의 관절처럼, 목표 전략에도 유연성이 도움이 되기보다 오히려 해가 되는 지점이 있다는 얘

기다. 이 시스템은 유연성이 핵심이지만 그렇다고 승리의 조건을 무한대로 확장하는 것은 아니다.

탄력적 습관 전략이 보통의 시스템보다는 유연하지만 그렇다고 바닥에 쏟아진 물과 같은 수준은 아니다. 승리의 조건이 하나 이상인 건 좋다. 하지만 그 조건을 적절히 제한하는 것 역시 중요하다(3개의 수평적 선택지×3개의 수직적 선택지=9개의 승리 방법 정도가 적당하다). 구조적인 틀과 유연성은 한 몸이다.

세 번째 기둥: 탄력적 습관은 추적 관리가 필요하다. 머릿속으로만 습관을 추적하고 변화를 기대하기는 어렵다. 부록에서 소개할 공식 추적일지를 사용할 경우, 종이에 세 종류의 스티커만 붙이면 습관을 추적 관리할 수 있다. 이 스티커들은 성공의 단계를 나타내기 위해 색깔별로 구분돼 있다. 일별 습관추적관리는 이 시스템이 효율적으로 작동하도록 몇 가지 역할을 한다.

습관을 추적하면 자신의 성공을 확인하고, 더 높은 단계의 승리에 관심을 갖게 된다. 매일 똑같은 습관을 확인하는 것도 만족감을 주긴 하지만 금방 지루해진다는 단점이 있다. 내가 작은 습관 전략을 쓸 때도 그랬다. 처음에는 느낌표와 명언까지 동원해 열정적으로 습관을 추적했다. 하지만 한 달쯤 지난 후에는 그냥 단순히 확인 표시만 하게 되었다. 그것도 괜찮았지만, 내 열정이 사그라지는 모습을 눈으로 확인한다는 게 문제였다.

엘리트 단계라는 큰 목표가 있고 그 승리를 스티커로 확인하는 건 정말 흥미진진하다(몇 달이 지나도 덤덤해지지 않는다. 내가 장담한다!). 습관 추적 시스템에 대해서는 마지막 장에서 자세히 살펴볼 것이다. 습관 형성과 관련해서 어떤 전략을 따르든 습관 추적관리는 반드시 필요하지만, 탄력적 습관 전략은 습관 추적 관리 방법이 훨씬 쉽고 보상은 훨씬 크다. 그래서 부담스럽기보다 오히려 즐겁다.

네 번째 기둥: 탄력적 습관을 위한 활동은 한 번에 세 가지를 넘지 않는다. 이 시스템으로 성공하려면 습관을 만들기 위한 활동들에 노력을 집중해야 한다. 《습관의 재발견》에서 언급했듯, 습관으로 만들려는 행동의 수가 늘어나면 에너지와 집중력이 분산되어 원하는 결과를 얻기 힘들다.

하나 이상의 습관을 만들기 위해 노력하는 것은 그만큼 가치가 있다. 하지만 선택과 집중은 필요하다. 운동, 기술 개발, 명상, 독서, 글쓰기, 비즈니스, 대인 관계같이 가장 파급력이 큰 활동부터 공략해라. 이렇게 해서 좋은 성과를 얻기 시작하면, 거기에 집중한 것을 절대 후회하지 않을 것이다.

이상의 네 가지 특징이 탄력적 습관 시스템에서 유일하게 엄격하고 안정적인 틀이다. 그 외 모든 것은 당신의 삶과 선호에 따라 휘어지고 구부러진다.

1. 탄력적 습관은 매일 실행해야 한다.
2. 수평적·수직적 유연성은 각각 세 가지 선택지로 제한한다.
3. 당신의 성공을 추적 관리해라.
4. 한 번에 세 가지 이상의 습관을 들이지 마라.

선택지가 너무 많아도 문제다

이 전략에서 유일한 약점은 '매일 목표 정하기'다. 선택 가능한 목표가 여러 개라는 것은 자신이 원하지 않거나 불필요한 선택 상황을 일상에 보탠다는 뜻이다. 이것은 잠재적으로 선택 장애와 결정 피로라는 두 가지 문제를 초래한다. 먼저 선택 장애에 대해 살펴보자.

선택 장애: 사소한 결정거리가 너무 많은 경우

심리학자 배리 슈워츠는 선택권이 지나치게 많으면 오히려 행복할 수 없다고 지적한다. 그는 테드TED 강연에서 자신이 사는 동네 상점에서 판매하는 175종 이상의 샐러드드레싱을 예로 들어 이 현상을 설명했다.[10]

"수많은 샐러드드레싱 가운데 하나를 고르면, 그 선택은 완벽하지 않습니다. 더 나은 선택을 할 수 있었을 거라는 생각이 머릿속에서 떠나지 않을 겁니다. 그래서 실제로는 이런 일이 일어납니다. 상상 속에서 만들어낸 대안들이 이미 내린 결정을 후회하게 만들고, 이 후회가 이미 내린 결정에서 얻는 만족감을 떨어뜨립니다. 그게 잘한 결정이었다 해도 말이죠."

이런 현상과 함께 자신이 후회할 거라는 예측이 선택 장애를 일으킨다. 선택지가 너무 많으면 '가장 좋은 하나'를 고르는 게 거의 불가능하다. 그리 자랑스러운 이야기는 아니지만, 어느 날 밤에 나는 쌀을 고르느라 20분 넘게 상점에 머물렀다. 쌀은 정말 알다가도 모를 물건이었다! 바스마티 쌀, 재스민 쌀, 흰쌀, 현미, 장미, 단미 등 온갖 종류의 쌀이 있는가 하면, 브랜드마다 제품도 각양각색이었다! 나는 속으로 이렇게 생각했다.

'품질, 맛, 건강, 가치, 가격을 이상적으로 충족하는 최고의 쌀을 골라야 해! 오, 이런. 퀴노아도 있잖아?'

오늘날 우리는 감당하기 힘들 정도의 선택권을 누리지만, 문제는 선택권 그 자체가 아니다. 결국 선택은 자유의 상징이다. 노예에게는 선택권이나 자주권이 없다. 따라서 자유와 선택은 떼려야 뗄 수 없는 관계이고 자유는 더없이 중요하기 때문에 선택권 자체를 문제 삼을 수는 없다. 그렇다면 뭐가 문제일까? 선택과 관련해 오늘날 우리가 겪는 문제는 무의미하고 사소한 결정이 너무 많고, 선택지가 넘쳐난다는 것이다.

모든 선택, 특히 사소한 선택일 경우에는 최대한 빠르고 효율적으로 대안의 수를 줄이는 게 최선이다. 그래야 가장 좋은 선택이 무엇인지 비교적 부담 없이 알아낼 수 있다.

내게는 선택을 위해 자주 사용하는 일종의 '필터'가 있다. 나는 식료품을 구입할 때는 매년 미국 환경연구처가 발표하는 '더티더즌The Dirty Dozen'과 '클린15Clean Fifteen'를 참고한다.[11] 더티더즌은 농약이 가장 많이 검출되는 과일과 채소 목록이고, 클린15는 농약 잔여물이 거의 혹은 아예 없는 농산물 목록이다. 유기농 제품들은 비싸기 때문에 이 목록들을 참고하면 돈도 아끼고 내 선택에 대한 만족감도 커진다. 아보카도나 양파는 클린15에 목록이 올라 있기 때문에 일반 농산물을 사고, 딸기나 시금치는 더티더즌에 올라 있기 때문에 유기농을 구입한다. 이 목록들을 활용하면 선택이 훨씬 쉬워진다.

다른 모든 것이 그렇듯, 여기에도 삶의 비밀이 있다. 최상의 선택을 하는 경우는 극히 드물다. 따라서 우리에게 중요한 것은 좋거나 아주 좋은 것을 선택하고 거기에 만족하는 것이다. 지금 나는 작가이고 내 일을 사랑하지만, 상어 전문가로 활약했다면 더 행복했을지 모른다. 그럼에도 나는 작가라는 직업이 좋기에 초조해하거나 후회하거나 불평할 이유가 전혀 없다. 분명 어딘가에는 더 나은 선택이 항상 있을 테지만, 그래도 현재 좋은 선택이 나쁜 선택이 되는 건 아니다.

슈워츠가 언급한 불행과 후회는 대개 대안이 지나치게 많아서 최고의 선택을 못 할지도 모른다는 걱정에서 나오는 결과다.

그러니 이 점만 명심하자. 최악의 샐러드드레싱을 골랐다 해도 그게 당신 마음에 쏙 든다면 당신은 좋은 결정을 한 것이다!

결정 피로: 의사결정에는 에너지가 든다

의사결정이 우리를 지치게 한다는 건 과학적으로도 입증된 사실이다. 결정에는 두뇌 회전이 필요하기 때문에 일리 있는 지적이다. 일상에서 탄력적 습관을 따를 때 어느 정도의 결정 피로가 따르는지를 보려면, 좀 더 넓은 시각으로 접근해야 한다.

탄력적 습관 시스템은 지금 당신이 어떤 습관 시스템을 사용하고 있든 그것보다 낫기 때문에, 비교를 통해서만 진정한 가치를 이해할 수 있다. 모든 습관 형성 시스템은 유지하고 실행하는데 '에너지 비용'이 든다. 따라서 어떤 시스템의 효용을 따지려면 그 시스템의 유지와 실행에 드는 에너지 비용과 그 시스템이 당신에게 얼마나 도움이 되는지를 저울질해보면 된다.

그동안 내가 봐온 다른 시스템들은 목표가 고정되어 바꿀 수 없었고, 그런 목표가 현실에 들어맞지 않으면 상당한 비용을 치러야 했다. 정해진 목표가 오늘 일정에 맞지 않거나 현재의 능력으로는 불가능하다는 것을 알면서도 어떻게든 해내려고 하면 엄청난 정신적 에너지가 든다. 심지어 작은 습관 전략을 따르는 경우에도 무엇이든 해낼 수 있을 것 같은 날에 '팔굽혀펴기 한 번'만 하는 것은 절망스럽게 느껴질 것이다. 고정된 목표가 현실과는 너무 동떨어져 있기 때문이다.

한 가지로 고정된 목표가 그날 상황에 맞지 않으면 진이 빠진다! 이때 주어지는 선택지는 다음과 같다. 그다지 좋지는 않지만.

1 … 목표를 바꾼다. 하지만 이 방법은 애당초 고정된 목표를 정한다는 발상 자체에 대한 도전이다. 목표를 바꾸고 싶을 때마다 바꾼다면 고정된 목표는 의미가 없고, 그런 목표를 정할 이유도 없다. 이상한 상황이다.

2 … 목표를 달성하기 위해 일정을 포기한다. 그렇게 그날 계획했던 일을 취소하고 목표를 달성해도 그 목표에 유연성이 전혀 없다는 사실에 분개할 것이다. 고정된 목표는 당신이 놓인 상황과 무관하게 항상 똑같은 것을 요구한다. 따라서 비슷한 일이 계속 되풀이될 것이고 화가 점점 쌓여간다. 목표가 상황에 맞지 않는 요구를 할 때마다 그 목표가 당신에게 맞는지 의문이 든다. 일정이 갑자기 바뀌기라도 하는 날에는 당신의 목표가 그 변화에 잘 적응하지 못한다는 사실에 좌절할 것이다.

3 … 하루 건너뛴다. 처음에 정한 목표가 목표를 바꾸지 않는 것을 전제로 했다면 (그리고 결과를 원한다면 그래야 한다.) 하루를 건너뛰는 것은 명백한 실패이자 포기의 전제 조건이다. 애초에 이런 날을 고려해서 목표를 설계했다 하더라도, '성공 아니면 실패' 중에 하나로만 목표 달성의 성공 여부를 정하기로 했다면, 이

런 날들로 인해 발전이 미뤄지고, 습관 형성에 타격을 입고, 연승 행진이 끊어질 것이다.

앞에 소개한 선택지들에 너무 몰두할 필요는 없다. 고정된 목표를 변화무쌍한 삶에 맞추려 하면 상황이 얼마나 빨리 복잡해지고 당신을 지치게 하는지를 보여주려던 것뿐이니까. 우리는 완벽한 날을 가정하고 전략을 세우는 경향이 있지만 그런 전략은 월요일을 지나고 목요일과 금요일을 거치며 무너지기 쉽다.

예측 가능한 고정된 목표를 가지고 예측 불가능한 상황에 즉흥적으로 대처하려다 보면 재난을 피할 수 없다. 탄성한계에 도달한 불안정한 물질(예를 들어 산산이 조각난 유리)처럼 시스템 전체가 무너진다. 고정된 목표를 제대로 작동하게 하는 쉬운 방법은 없다. 그래서 그런 목표는 오래가지 못한다. 가장 약하고 유연성 없는 다른 모든 것들과 마찬가지로, 고정된 목표는 당신의 역동적인 삶과 역동적인 세상에서 오래 살아남을 수 없다.

모든 결정에는 에너지 비용이 든다. 그 비용은 그것이 얼마나 힘든 결정이냐에 따라 달라진다. 유연한 목표보다 엄격한 목표를 따를 때, 결정을 내리기가 훨씬 힘들다.

탄력적 습관으로 선택 장애와 결정 피로 극복하는 법

선택 장애는 개수가 제한되지 않은, 사소한 선택지들 때문에 발생한다.

탄력적 습관에 따르는 선택들은 사소하지 않다. 지치고 힘든 날에 좀 더 쉬운 목표를 선택할 수 있다면 당신은 습관을 만들기 위한 노력을 계속 이어갈 수 있다. 힘과 의욕이 넘치는 날에 걸맞은 크기의 목표를 선택할 수 있다면 평소보다 큰 승리를 맛볼 수 있다. 탄력적 습관에서는 꼭 필요한 선택만 한다. 우리에게 필요한 것은 결국 별 차이가 없는 175종의 샐러드드레싱이 아니라 그날의 가능성을 극대화해줄 몇 가지 유형의 목표다.

내가 디자인한 첫 번째 습관 포스터에는 목표가 미니, 플러스, 메가Mega, 엘리트의 네 단계로 구분되어 있었다. 이 포스터를 프린터로 출력한 순간, 네 단계 중에 하나를 고를 생각을 하니 곧바로 다시 쌀을 사는 기분으로 돌아갔다. 메가 목표가 플러스 목표보다 얼마나 높은 거지? 엘리트 목표는 메가 목표보다 얼마나 높은 거고? 단계별로 들여야 하는 노력을 비교했을 때 각 단계의 가치는 얼마나 되는 거야? 그걸 내가 무슨 수로 알겠는가?

그래서 목표를 미니, 플러스, 엘리트의 세 단계로 줄였다. 곧바로 차이가 드러났다. 사람들은 대부분 대·중·소에 익숙하기 때문에 이 선택지들을 듣자마자 각 단계가 어떤 관계고 무슨 의미인지를 직관적으로 알 수 있다. 선택지의 수를 제한하는 건 그만큼 중요하다.

탄력적 습관은 선택 장애를 염두에 두고 세심하게 디자인한 전략이다. 그러니 선택 장애를 겪을 일은 없을 것이다! 결정 피로도 마찬가지다.

탄력적 습관에는 완벽한 수직적·수평적 유연성이 있기 때문에 그날 상황에 따라 활동 유형과 강도를 고를 수 있다. 여기서 중요한 것은 선택지의 수가 제한돼 있고 각 선택지가 동기부여의 스위트스폿에 위치한다는 점이다. 확실한 기준에 따라 선택지의 수를 제한하면 결정 피로를 효과적으로 줄일 수 있다. 유연성이 없는 일반적인 목표와 비교하면 그 효과를 실감할 수 있다.

내 옷장에는 셔츠 열다섯 벌과 청바지 두 벌이 전부여서 뭘 입을지 크게 고민할 필요가 없다. 양말은 전부 똑같아서 아무거나 두 짝을 꺼내 신으면 된다. 핵심은 이거다. 나는 삶에서 결정해야 할 일들의 가짓수를 가차 없이 줄였다. 하지만 탄력적 습관 전략에 따라 그날그날 어떤 습관 행동을 할지 내리는 결정들은, 그날 어떤 양말을 신을지보다 분명 더 가치 있는 결정이다. 그리고 장기적으로도 당신의 삶을 더 진전시킬 수 있는 일이다.

삶에서 결정할 일이 늘어날 때마다 선택 장애와 결정 피로를 떠안게 되지만, 탄력적 습관 전략에서 선택지는 확실한 기준에 따라 수가 제한돼 있고, 직관적으로 쉽게 선택할 수 있다. 선택지는 일정 개수를 넘어가면 보상이 급격히 줄어들고 급기야 부정적인 결과를 초래하게 되므로, 적어도 처음에는 이 책에서 추천한 개수나 그 이하로 유지하라.

알 수 없는 결과에 대한 기대

지금까지는 선택지가 많을 때의 문제점을 살펴보고 그 수를 어떻게 제한할지 이야기했다. 그렇다면 선택지가 여럿일 때의 긍정적인 측면은 무엇일까? 그날그날 상황에 따라 가장 적합한 선택지를 고를 수 있다는 이점 외에 목표가 여러 단계라는 점에 따르는 놀라운 혜택이 한 가지 더 있다.

카지노에서 도박을 하면, 언제나 승자는 카지노고 당신은 패자다. 도박은 그냥 돈을 내던지는 행위라는 걸 알면서도 왜 그렇게 많은 사람이 도박에 중독될까?

만약 내가 작은 공간을 마련해놓고 "이 버튼을 누를 때마다 25센트씩 내세요"라고 한다면 장사가 제대로 되지 않을 것이다. 하지만 슬롯머신도 이것과 별반 다르지 않다. 결정적인 차이가 있다면 바로 결과의 가변성이다.

카지노는 사람들이 흥미를 잃지 않게 하려고 결과의 가변성을 이용한다. 기계에 1달러씩 넣을 때마다 매번 다른 결과가 나오게 하는 것이다. 투입구에 1달러를 넣으면 1달러를 홀랑 날릴 수도 있지만 수천 달러의 돈벼락을 맞을 수도 있다. 기계는 무작위의 숫자 조합을 통해 무수한 결과를 내놓는다. 게임하는 사람은 다음 판에 어떤 결과가 나올지 모르기 때문에 대박을 기대하며 계속 버튼을 누른다. 가변성은 질 것이 뻔한 도박에조차 흥미를 갖고 빠져들게 한다.

탄력적 습관은 일상적인 가변성을 이용한다. 알 수 없는 결과에 대한 기대 때문에 중독될 무언가를 찾는다면 건강한 습관이야말로 최고의 선택 아닌가!

8장을 마무리하며

탄력적 습관 전략은 안정성과 유연성 사이에 주의 깊게 균형을 잡고 있어서, 당신이 눈부신 결과를 차곡차곡 쌓아가는 매순간이 자유롭게 느껴질 것이다. 안정성이 결정 피로를 줄여주고, 유연성이 당신의 욕구를 충족시켜주며, 결과의 가변성이 당신을 멈추지 않고 계속 앞으로 나아가게 할 것이다.

5부

실천

: 탄력적 습관 완전정복

ELASTIC HABITS

탄력적 습관은 당신의 삶과 (작은) 유성들에도 적응한다.

9장

탄력적 습관 7단계 실천법

"이기는 것은 극소수만 아는 비밀이 아니라 우리 자신과 주위 상황을 연구하고 어떠한 도전에든 맞설 만반의 준비를 함으로써 배울 수 있는 것이다."

— 가리 카스파로프 Garry Kasparo, 체스 그랜드마스터

이제 앞서 배운 내용들을 토대로 당신만의 탄력적 습관을 시작할 때가 왔다! 종이와 연필(펜)을 준비해라. 탄력적 습관을 통해 습관을 형성하는 7단계 과정은 다음과 같다.

1. (최대) 세 가지 습관을 정한다.
2. 습관 하나에 수평적 선택지를 (대략) 세 개 정한다.
3. 수평적 선택지마다 (최대) 세 단계의 수직적 목표치를 정한다.
4. 신호를 정해서 충실하게 지킨다.
5. 습관을 적어 잘 보이는 곳에 붙인다.
6. 습관을 추적한다.
7. 점수를 매기고 성과를 평가한다(선택 사항).

한 가지 습관을 정하고 나면 다음과 같은 표가 그려질 것이다.

[바이올린]

미니	연습 1분	음악 이론 공부 1분	연주 1곡
플러스	연습 10분	음악 이론 공부 10분	연주 3곡
엘리트	연습 30분	음악 이론 공부 30분	연주 6곡

여기서 탄력적 습관은 바이올린에 숙달하는 것이다. 이때 수평적 선택지는 연습, 음악 이론 공부, 연주다. 세 가지 수평적 선택지는 강도에 따라 각각 세 단계(미니, 플러스, 엘리트)로 구분된다. 1단계인 습관 정하기부터 시작해보자.

1단계: 세 가지 습관을 정한다

우선 습관으로 들이고 싶은 활동을 (최대) 세 가지 정한다. 원한다면 더 적어도 좋다. 하지만 셋이 넘어가면 에너지와 집중력이 분산된다. 물론 당신이 탄력적 습관을 여섯 개쯤 동시에 만들 수 있는 특별한 사람일 수도 있다. 하지만 셋 이상의 습관을 가까스로 실천하고 있다면 습관의 수가 너무 많은 것이다.

'운동하기' 같은 목표는 너무 모호해서 사람들은 보통 '팔굽혀펴기, 역기 들어올리기, 달리기'처럼 목표를 구체적으로 정한다. 하지만 탄력적 습관 전략에서는 습관을 들일 활동을 최대한 일반화해서 표현하는 게 좋다. 그래야 수평적인 선택지를 늘리면서(2단계) 구체적으로 표현해줄 수 있기 때문이다. 탄력적 습관 전략은 한 가지 습관에 대한 수평적 선택지가 여러 개여서 '하루에 1,000자 쓰기'처럼 구체적인 목표를 정할 때 생기는 '수정도 글쓰기에 포함되나?' 같은 문제가 저절로 해결된다.

탄력적 습관 전략은 일반적인 습관을 정의한 다음, 특정 활동들(수평적 선택지들)로 응용 분야를 좁혀가기 때문에 습관의 큰 그림과 구성 요소들을 한 번에 볼 수 있다. 일반적인 습관은 당신이 달성하고 싶어 하는 더 큰 목표를 나타낸다.

- 하루에 팔굽혀펴기 100번이나 달리기를 하고 싶다고 말하는 것은 더 힘을 키우고, 더 탄탄한 몸을 만들고, 더 건강해지고 싶다는 의미다. 사람들은 일반적으로 다양한 이익을 얻기 위해 운동을 하고 싶어 한다.
- 매일 글쓰기를 하고 싶다고 말할 때, 글쓰기에는 아이디어 내기, 개요 짜기, 책이나 기사의 틀 만들기, 글 다듬기 등이 모두 포함된다. 사람들은 일반적으로 내용을 쓰고 다듬고 싶어 한다.
- 명상하고 싶다고 말할 때는 요가를 하거나 부유탱크(사람들이 긴장을 풀기 위해 들어가서 떠 있게 만든 소금물 탱크-옮긴이)에 들어가거나 자연에서 산책하고 싶다는 의미일 수 있다. 사람들은 일반적으로 마음을 차분히 가라앉히고 비우고 싶어 한다.

- **잡초를 뽑고 싶다는 말은 식물을 심고, 비료를 주고, 열매를 수확하고 싶다는 의미일 것이다. 사람들은 일반적으로 정원을 가꾸고 싶어 한다.**

다양하게 구체화될 수 있도록 포괄적인 용어를 써라. 예를 들면, 정원 가꾸기, 운동, 피아노, 목공(혹은 더욱 광범위하게 공예), 창의성 키우기, 청소, 글쓰기, 대인 관계, 마음 챙김, 건강한 식사, 독서, 그밖에 연마하고 싶은 기술이나 집중하고 싶은 분야(바이올린, 저글링, 납땜, 공학 기술, 셀프 인테리어, 프로그래밍, 강연, 자신감) 등으로 구체화할 수 있는 용어를 써라.

파급력 있는 습관을 선택하라

삶에 다방면으로 영향을 끼칠 수 있는 습관을 선택하라. 내 생각에 운동은 그야말로 최고의 습관이다. 운동은 신체적·정신적 건강은 물론 기분, 활력, 삶의 태도, 자신감까지 높여준다. 심지어 우울증이나 불안감을 없애주는 처방약의 효과와도 맞먹는다.[12] 이런 식으로 최고의 습관은 삶에 후광 효과를 낸다. 또 한 가지 예가 청소다. 나는 집 안이 깨끗할 때 마음이 더 차분해지고 삶의 생산성이 높아지는 부수적인 효과를 본다.

또 가치관에 기초한 습관을 가지려고 노력하라. 습관이 자기가 중요하게 생각하는 가치와 맞닿아 있으면 그걸 자신의 것으로 만들고 싶어진다. 당장 어떤 습관을 들이고 싶은지 모르겠다거나 너무 많은 것을 하고 싶다면, 가치관에서 시작해라.

지금 당신이 가장 중요하게 생각하는 가치들을 적어라. 인생에는 여러 시기가 있어서, 지금 당장은 가장 중요한 문제일지라도 그게 언제까지나 중요하지는 않을 수 있다. 따라서 지금 당신이 ('해야만' 한다고 생각하는 가치가 아니라) 가장 원하고 가장 필요로 하는 가치가 무엇인지 솔직하게 써라. 예를 들어 지금 나한테 가장 중요한 가치는 이런 것들이다.

- 신체적·정신적 건강
- 정직함과 진실성
- 창의성
- 자유
- 배움
- 대인관계

습관으로 들일 행동을 최대 세 개까지 정할 수 있으므로 제일 중요한 가치 세 개를 골라라. 아마 맨 먼저 떠오르는 것들이 당신이 집중해야 할 가치들일 것이다. 그중에는 행동으로 옮길 수 없는 가치도 있다. 가령, 정직함과 진실성은 나에게 대단히 중요한 가치이지만 이미 내 모든 결정에 기준으로 작용하고 있다. 즉 따로 시간을 내어 '연습'할 필요가 없다는 얘기다. 따라서 내가 실행에 옮길 수 있는 가치 세 가지는 건강, 창의성, 자유다.

이제 당신이 고른 세 가지 가치를 실현시켜줄 일반적인 활동들을 파악해라. 내 경우는 이렇다.

- **건강**: 운동, 명상, 식단 관리
- **창의성**: 글쓰기, 독서, 실험, 아이디어 내기
- **자유**: 돈 벌기, 돈 관리, 경력에 투자하기

당신의 가치에서 나온 행동들이 탄력적 습관의 후보들이다. 내 탄력적 습관인 운동, 독서, 글쓰기는 내 가치와 아주 잘 맞아떨어진다. 특히 글쓰기는 창의성과 자유(글은 언제 어디서든 쓸 수 있고 돈벌이도 된다)라는 두 마리 토끼를 잡을 수 있다는 점에서 더욱 특별하다.

탄력적 습관으로 들일 행동 세 가지를 정했나? 그럼 이제 그걸 수평적으로 늘려보자.

2단계: 습관 하나에 수평적 선택지를 세 개 정한다

이제 1단계에서 선택한 습관들을 실천할 구체적인 방법을 생각해야 한다. 습관을 실천하는 방법은 한 가지일 수도 있고 수십 개일 수도 있다.

구체적인 예를 살펴보기 전에, 시간이 일반적인 수평적 선택지로 유용하다는 점을 말해두고 싶다. 시간은 거의 모든 습관에

통한다(특정 활동 ○○분 하기). 특히 시간은 어떤 습관에 포함시킬 수 있는 활동이 너무 많을 때 효과적이다(예, 비즈니스나 운동). 수평적 선택지를 정할 때 '시간'에 따른 분류가 당신이 원하는 선택지인지 먼저 생각해보라. 다만, 시간을 기준으로 수평적 선택지를 정할 때는 두 가지 불리한 면이 있다.

1. 투자한 시간과 발전의 정도가 비례하는 건 아니다. 나는 여덟 시간보다 더욱 생산적인 한 시간을 보낸 경험이 있다.
2. 시간은 너무 애매한 출발점일 수 있다. '달리기 1킬로미터'는 끝나는 시점이 명확해서 의미가 분명하다. 반면 '운동 20분'은 의미가 너무 광범위해서 미리 운동의 유형을 정해야 한다. 이렇게 추가되는 불필요한 단계는 습관을 그만두게 할 만큼 방해 요소가 되기도 한다. 한편, '책 읽기 20분'은 '책 읽기 10쪽'만큼 의미가 분명하다.

시간은 일반적인 측정 기준이어서 여러 습관에 두루 쓰일 수 있다. 다만 위에서 말한 불리한 면을 고려해 각 습관에 미치는 영향을 따져봐야 한다. 예를 들어 글쓰기는 시간보다 '단어 수'가 효과적이다. 하지만 독서의 경우, 책마다 쪽수나 챕터 수가 다양해서 오히려 '쪽수'보다 시간이 기준으로 더 적합하다. 사실상 시간은 (정해진 시간 내내 읽는다는 가정하에) 독서량을 측정하는 가장 정확한 방법이다.

수평적 선택지의 예:

물 마시기(수평적 선택지 1개): 물 마시기를 습관으로 만들어줄 활동은 '물 마시기' 하나뿐이다. 다른 수평적 선택지는 없다(하지만 3단계로 나눌 수직적 유연성은 있다).

독서(수평적 선택지 1~3개): 독서의 핵심은 '책 읽기'이지만, 독서의 중요한 과정으로 책을 조사하거나 대여하는 시간을 포함시킬 수도 있다. 그래도 내 탄력적 독서 습관에는 수평적 선택지가 하나뿐이다. 습관 하나에 포함시킬 수 있는 활동이 여러 개라고 해서 그걸 전부 포함시켜야 하는 건 아니다. 수평적 선택지에 포함시킬 만한 활동들이 목표에 어떻게 기여하느냐에 따라 당신이 가장 들이고 싶고 당신에게 가장 적합한 활동(들)만 골라라.

내 경우 독서 습관의 수평적 선택지는 '책 읽기' 하나지만, 양적인 기준으로 쪽수와 시간을 모두 사용한다. 어떤 때는 그날 읽은 첫 쪽수와 끝 쪽수를 적는 게 편리하고, 쪽수가 없을 때는 시간을 적는 게 편리하다. 이렇게 측정 방법에 두 가지 선택지가 있으면 거부감을 없앨 수 있다("이 전자책에는 쪽수가 없지만, 대신 독서 시간으로 표시하면 돼").

운동(다수의 수평적 선택지): 운동 방법은 사실상 무한하다. 턱걸이, 역기 들기, 걷기, 하이킹, 달리기, 자전거 타기, 요가 등 각종 운동 종목이 모두 훌륭한 운동법이다.

머릿속에 떠오르는 대로 모두 적어라. 정말 관심 있는 운동이 아홉 가지라면 아홉 가지를 전부 적어라. 수평적 선택지에는 '습관 풀pool'이라는 것이 있어서 여러 활동을 포함시킬 수 있다. 하지만 단순함을 유지하기 위해서는 일반적인 목표 세 개에 각각 1~4개의 선택지를 정하는 것이 좋다.

내 경우, 가장 좋아하고 자주 하는 운동들을 선택지로 골랐다. 그렇다고 해서 그 운동들이 다른 선택지들을 배제하는 게 아니라 내가 집중해야 할 기준점 역할을 한다. 이 시스템의 기본 정신은 유연성이기 때문에 요가가 내 '공식 선택지'에 없다 하더라도 어느 날 문득 요가가 하고 싶으면 요가를 선택지로 고를 수 있다. 아니면 선택지에 포함되지 않은 운동 방법들을 하나로 묶어 '운동 ○○분'이라는 선택지를 만들 수도 있다. 지금 내 운동 습관의 수평적 선택지는 이렇다.

- **체육관**(농구 또는 중량 운동)
- **팔굽혀펴기/턱걸이**
- **동네 돌기**(걷기나 뛰기)

일기 쓰기(수평적 선택지 1~2개): 어떤 탄력적 습관에 수평적 선택지가 하나뿐일 거라고 섣불리 단정하면 안 된다. 예를 들어, 일기 쓰기에는 예전에 썼던 일기를 다시 훑어보는 활동이 포함될 수 있다. 여기서 일기란 자기 삶에 대한 생각을 글로 옮겨 적는 것만을 의미하지 않는다. 거기에는 예전에 썼던 일기를 읽고 자신의 성장을 성찰하는 시간이 마땅히 포함돼야 한다. 따라서 '일기 검토하기'도 일기 쓰기 습관의 선택지가 될 수 있다.

글쓰기(다수의 수평적 선택지): 글쓰기에는 본문을 쓰는 것 외에 개요 작성이나 글 고치기, 편집이 포함될 수 있다. 편집만 해도 편집, 교정, 교열 등 여러 단계로 구분된다. 즉 글쓰기에는 단순히 글을 쓰는 행위 이외에도 다양한 활동이 포함되며, 따라서 단순히 글자 수만으로는 이 모든 걸 반영할 수 없다. 경력을 쌓기 위해 글을 쓴다면 홍보도 글쓰기 습관에 포함시킬 수 있다.

나는 습관 하나당 수평적 선택지는 세 개, 아무리 많아도 네 개를 넘지 말라고 권한다. 선택지가 많으면 좋지만 그렇다고 선택이 어려울 만큼 많아서는 안 된다. 선택지 세 개까지는 고르기가 그리 힘들지 않다. 이런 게 바로 집중과 유연성의 균형이다. 선택지가 적을수록 집중도가 올라가고 유연성은 떨어진다. 선택지가 많을수록 집중도는 내려가고 유연성이 증가한다.

수평적 선택지들 중 하나가 나머지 선택지들보다 '핵심적'이라도 괜찮다. 그 문제는 3단계에서 해결할 수 있다.

2단계에서는 일반적인 습관 세 개를 정하고 각각의 습관마다 1~4가지 구체적인 활동을 선택지로 제시하자. 그다음은 이 전략을 훨씬 재밌게 만들어줄 수직적인 유연성을 더할 차례다.

3단계: 수평적 선택지마다 세 단계의 수직적 목표치를 정한다

3단계에는 수평적 선택지마다 성공의 목표치, 즉 성공의 단계를 셋으로 나눠서 기준을 정한다.

정원 가꾸기를 예로 들어보자. 정원 가꾸기에 포함되는 활동은 매일 해야 하는 일부터 주 단위로 해야 하는 일까지 굉장히 다양하다. 예를 들면, 정원 가꾸기에는 씨 뿌리기, 옮겨심기, 잡초 뽑기, 퇴비 만들기, 수확하기 등이 포함된다. 정원을 가꾸는 경우 상황에 따라 습관을 조정해야 되기 때문에 탄력적 습관의 유연성이 매우 중요해진다. 정원은 전혀 돌볼 필요가 없을 때가 있다. 그런 날들에 대비해 미니 단계는 '정원 산책'으로 정한다. 정원 손질이 필요한 날에는 활동의 강도에 따라 플러스 목표와 엘리트 목표를 정하면 된다. 여기서는 잡초 뽑기, 물 주기, 일반적인 관리(시간 기반)를 정원 가꾸기의 수평적 선택지로 정해보자.

[정원 가꾸기]

미니	정원 산책		
플러스	잡초 5포기 뽑기	물 주기	일반적인 관리(15분)
엘리트	일반적인 관리(30분)		

다른 예를 들어보자. 2단계에서 다뤘던 수평적 선택지는 표의 가로에, 지금 다루는 수직적 선택지는 표의 세로에 표시된다. 체력 단련이라는 습관을 갖기로 했다면 수평적 선택지로는 스프린팅, 스쾃, 시간 기반 운동, 헬스클럽으로 정할 수 있다. 이 활동들을 수직적 단계에 따라 미니, 플러스, 엘리트 3단계로 나누어 다음과 같이 정할 수 있다.

단계별 목표치를 어느 정도로 정할지 궁금할 것이다. 미니 목표, 플러스 목표, 엘리트 목표는 어떻게 다를까? 엘리트 단계부터 시작해보자.

[체력 단련]

미니	고강도 인터벌 운동 1회	스쾃 10회	
플러스	고강도 인터벌 운동 3회	스쾃 40회	헬스장에서 느긋하게 운동
엘리트	고강도 인터벌 운동 6회	스쾃 100회	헬스장에서 40분 이상 운동

엘리트 목표 정하기

'엘리트'라는 말은 이 단계를 매일 달성하면 해당 분야의 전문가가 되거나 그 일을 대단히 잘하게 될 거라는 의미를 담고 있다.

나는 엘리트 단계의 목표치를 정할 때 "어느 정도 목표를 달성해야 나 자신이 자랑스러울까?"라고 스스로 묻는다. 대부분의 엄격한 목표들과 비슷한 목표치이지만 탄력적 습관으로 엘리트 단계를 달성했을 때는 더 큰 성취감을 느낄 수 있다. 엄격한 목표처럼 끌려가듯 목표를 달성한 것이 아니라 자발적으로 이룬 성과이기 때문이다. 탄력적 습관은 언제든 엘리트 목표보다 쉬운 미니 목표나 플러스 목표를 선택할 자유가 있기 때문에 엘리트 목표를 달성했을 때의 의미는 특별하다.

엘리트 목표를 달성하는 데 걸리는 시간은 개인차와 습관에 따라 대략 30분에서 60분 정도가 적당하다.

당신이 원한다면 이 단계에 매우 달성하기 어려운 목표치를 설정할 수 있다. 단, 목표를 너무 높게 설정하면, 대부분의 승리를 '미니 목표'와 '플러스 목표'에서 얻게 되어, 자칫 실망감이 생길 수도 있다.

나는 습관추적일지에서 엘리트 승리를 보는 것이 너무 좋다. 엘리트 승리가 늘어날수록 더욱 힘이 난다. 당신도 직접 실험해 봐라!

플러스 목표 정하기

플러스는 중간 정도의 목표치다. 이 목표치를 정할 때는 '부끄럽지 않은' 수준인지를 기준으로 삼아야 한다. 플러스 목표는 보통 10~20분 안에 끝낼 수 있는 정도가 좋다. 이 단계에는 '시간'이 기준으로 가장 적합하다. 내가 처음 운동을 시작했을 때 플러스 목표는 팔굽혀펴기 또는 턱걸이 25개였다(나중에 35개로 늘렸다). 사실 이 정도의 운동을 하는 데는 10~20분도 걸리지 않았다. 이 단계에는 이 정도의 노력이면 적당하다. 시간 또는 노력, 둘 중 어느 것을 기준으로 삼을지는 당신이 정하기 나름이고 습관에 따라 달라질 수도 있다.

나는 플러스 목표를 정할 때 나 자신에게 이렇게 묻는다. "오늘 어느 정도 목표를 달성해야 내일 '그 정도면 잘했어'라고 생각할 수 있을까?"

플러스 목표가 너무 작으면 미니 목표가 되어버릴 수 있다. 플러스 목표와 미니 목표가 거의 차이가 나지 않으면, 플러스 목표가 미니 목표를 대체해서 탄력적 습관의 단계가 둘로 줄어든다. 그렇게 목표가 둘로 줄어들면 낮은 단계의 목표가 원래 이상으로 삼았던 '아주 작은 목표'보다 커지게 된다. 반대로, 플러스 목표가 너무 크면 엘리트 목표와 겹치거나 자주 달성하기가 어려워진다. 따라서 플러스 목표를 설정할 때는 미니 목표와 엘리트 목표 사이에 균형을 잡는 것이 대단히 중요하다.

미니 목표 정하기

드디어 우리에게 계속해나갈 힘을 주는 안전망인 미니 목표를 정할 차례다. 당신이 산에 오른다고 상상해보자. 미니 목표는 당신이 산중턱인 플러스 목표나 산정상인 엘리트 목표를 오르다가 아차 하는 순간 굴러떨어져도 밑에서 당신을 받아 목숨을 구하고 내일 다시 산에 오르게 해주는 안전망이다.

미니 목표는 작게 정하는 게 핵심이다. '1분 안에 끝낼 수 있는 활동'이 바람직한 기준이다. 더 큰 목표를 이루고 싶다면 플러스 단계나 엘리트 단계를 달성하면 되기 때문에 미니 단계에서 욕심을 부릴 필요가 없다. 《습관의 재발견》을 읽은 독자들 가운데 10분 동안 작은 습관을 실행한다고 말하는 사람들이 있다. 10분이면 1분을 목표로 하는 작은 습관의 열 배에 달해 거의 플러스 목표에 가깝다. 다시 한번 말하지만, 사람에 따라, 습관에 따라 매일 목표치가 다르겠지만, 일반적으로 10분은 새로운 습관을 만들기 위한 안전망으로는 너무 길다.

미니 목표는 하루도 빼놓지 않고 매일 할 수 있는 양이어야 한다. 언제, 어디서, 어떻게 추락하더라도 당신을 받아낼 수 있어야 한다. 탄력적 습관으로 성공하려면 이게 핵심이다. 미니 목표는 생애 최악의 날에도 달성할 수 있어야 한다.

한밤중에 반려 고양이가 얼굴을 할퀴고 지나가고, 새벽 네 시에는 갓난아기가 울어댄다. 아침에 눈을 뜨니, 이미 회사는 지각인데다(게다가 직장에는 얼간이 같은 상사가 당신을 기다리고 있는데다) 어젯밤의 충격(열두 살인 첫째 딸이 문신을 했다는 사실을 알았다)이 가시지 않고, 당신 자동차의 구멍 난 타이어만큼 에너지는 바닥이고 설상가상 설사병까지 걸린…… 그런 날에도 미니 목표는 달성할 수 있어야 한다. 그것도 쉽게. 사실 이런 날들이야말로 쉽게 달성할 수 있는 목표가 필요한 이유다.

내 미니 목표들 중에 몇 개는 30초도 안 걸린다. 몸과 마음의 상태가 완전히 바닥이고, 모든 게 버겁게 느껴지고, 무참히 패배

한 듯한 우울한 날에도 미니 목표는 달성할 수 있다. 그것도 5분 안에. 게다가 이 5분은 미니 목표 하나가 아니라 셋을 모두 하는 데 걸리는 시간이다. 그날을 승리로 마무리하는 데 채 5분도 걸리지 않기 때문에 난 절대 지지 않는다.

'작다'는 것이 사람에 따라 상대적일 수는 있지만, 시간상 5분 이상 걸리는 목표는 엄청나게 바쁜 날이나 상태가 최악인 날에도 해낼 수 있는 범주에서 벗어나 있다. 내 습관 중에 '편집하기'의 미니 목표치는 5분이지만 그건 내가 글로 먹고살기 때문이다. 당신이 미니 목표를 일반적인 수준보다 높게 잡으려면, 그 분야에 이미 상당한 노력을 들였거나, 상당한 발전을 봤어야 한다.

예전에 사람들이 작은 습관의 목표치를 지나치게 높이 정했던 이유는 선택지가 하나뿐이었기 때문이다. 하지만 이제는 플러스와 엘리트라는 다른 선택지가 있기 때문에 10분짜리 미니 목표를 스트레스 없는 작은 크기로 바꿔도 된다.

나는 미니 목표에는 시간을 정하지 않는 것이 좋다. 그게 더 쉽고 편한데다 타이머도 필요 없기 때문이다. 내 운동 습관의 미니 목표치는 팔굽혀펴기 세 개인데 10초면 끝난다. 타이머를 맞춰놓더라도 시간을 정확하게 채울 필요는 없다. 정해둔 시간 안에 끝내면 된다. 시간을 좀 더 재미있게 설정하고 싶다면 노래 한 곡(평균 3~5분)을 기준으로 해라.

단계별 간격이 적당해야 시스템이 원활하게 돌아간다

목표치를 전부 정했으면, 각 단계가 적절하게 간격을 두고 있는지 확인해야 한다. 서로 적당한 공간이 있고 목표치마다 매력이 충분한가? 미니 목표와 플러스 목표, 플러스 목표와 엘리트 목표 사이가 너무 가까우면 각각의 이점이 줄어든다.

차이가 확실해야 우리 자신도 그걸 확실하게 구분할 수 있다. 내가 시애틀에서 살던 집은 약 100제곱미터(약 30평)의 원룸형 아파트였다. 한 사람이 살기에 적당한 크기였지만 거대한 방 하나에 모든 주거 공간이 섞여 있었다. 작업실이 침실과 거실이기도 했다. 그러다 보니 집중하기가 힘들었다. 방과 문이 있는 집으로 이사하자 일의 생산성은 물론 수면의 질까지 높아졌다.

미니 목표 달성에 1분이 걸린다면, 플러스 목표 달성에 10분이나 15분 정도 걸리는 것이 좋다. 플러스 목표는 미니 목표보다 세 배에서 스무 배 정도 힘들어야 한다. 그렇다고 너무 힘들어서 주눅들 정도면 안 된다. 난이도는 중하~중 정도가 적당하다. 엘리트 목표는 플러스 목표보다 두 배에서 네 배는 힘들게 잡는 것이 좋다. 따라서 플러스 목표 달성에 10분이 걸렸다면 엘리트 목표 달성에는 약 30분 정도가 걸려야 한다.

물론 각 단계의 목표치를 정확히 얼마로 정하느냐는 당신에게 달렸다. 사람에 따라 어떤 목표에 어떻게 반응할지 모두 다르기 때문에 당신에게 어느 정도가 최선인지 직접 해보면서 알아내야 한다. 이 시스템을 따를 경우 15일 단위로 습관을 추적해야 한다. 그러면 처음 15일 동안 목표를 조정하고, 그다음 15일 동안 본격적으로 실천할 수 있다.

색깔로 구분된 스티커로 습관을 추적하면(습관추적은 6단계에서 다룬다) 목표를 얼마나 잘 수행하고 있는지 또는 얼마나 적절하게 대응하고 있는지 확인할 수 있다. 독서 습관을 시작했을 때 내 추적일지에는 온통 미니 승리뿐이었다. 그걸 보고 목표들 사이에 균형을 다시 잡아야 한다는 걸 깨달았다. 목표치를 조정한 뒤에는 은색 스티커(플러스 목표 달성)가 많아지고 심지어 금색 스티커(엘리트 달성)도 두어 개 붙었다. 이런 성과는 독서량은 예전과 똑같은데 목표치를 줄여서 나 자신에게 공을 돌리는 제멋대로의 승리가 아니었다. 조정한 목표치가 더 매력적이고 달성하기 편해서 실제로 책을 더 많이 읽은 결과였다.

자기 조절 능력이 있는 목표의 아름다움

이 시스템에는 자기 조절 기능이 있다. 진전되는 상황을 분석해서 목표를 정확하게 조절할 수 있다.

빼먹는 날이 있다는 것은 미니 목표가 너무 크고 어렵다는 뜻이다. 미니 목표를 결코 실패할 수 없을 정도로 작게, 더 작게 줄여라. 그래야 빼먹지 않고 지속적으로 해낼 수 있다.

미니 목표를 달성한 날들뿐이라면 플러스 목표를 더 작게 만들어라. 플러스 목표는 미니 목표와 어느 정도 떨어져 있는 동시에 좀 더 노력하면 닿을 수 있을 만큼 '적당'해야 한다. 플러스 목표를 한 번도 달성하지 못했다면 목표치를 도전 욕구가 생길 정도로 좀 더 쉽게 낮추어야 한다.

플러스 승리는 없고 엘리트 승리만 수두룩하다면, 엘리트 목표가 그리 힘들지 않거나 플러스 목표에 너무 가깝다는 뜻이다. 플러스 목표와 엘리트 목표의 난이도가 비슷하다면, 엘리트 승리 쪽으로 마음이 쏠리는 게 당연하다. 뭐가 문제냐고? 중간 선택지에는 나름의 중요한 역할이 있기 때문에 이를 없애는 것은 확실히 문제가 된다.

내 걷기/달리기 목표를 예로 들어 각 단계 사이에서 균형 잡는 법을 알아보자.

- **미니 단계:** 호수 한 바퀴(약 1킬로미터)
- **플러스 단계:** 호수 세 바퀴(약 3킬로미터)
- **엘리트 단계:** 호수 여섯 바퀴(약 6킬로미터)

여기서 미니 단계는 5분 안에 끝낼 수 있다. 플러스 단계로 세 바퀴를 걷거나 달리는 데는 약 10~25분이 걸린다. 엘리트 단계는 이보다 최소 두 배 더 걸린다.

이 정도 거리를 두면 각 단계가 매력적으로 보일 만큼 간격이 충분하고 노력과 보상이 적절하게 균형 잡혀 있기 때문에 시스템이 잘 작동한다. 나의 경우 이렇게 목표치를 설정한 뒤에 내가 달성한 플러스 목표들 중에 약 30~40퍼센트가 엘리트 목표에 가까웠다. 덕분에 다음 단계인 엘리트 승리에 대한 의욕이 솟구치면서 중간 단계의 승리에 대한 만족감도 충족되었다.

그런데 여기서 한 가지 문제점이 보이는가? 맞다. 미니 목표와 플러스 목표가 조금 가까운 편이다. 나는 걷기/달리기의 경우 미니 목표에는 거의 도전하지 않았다. 첫째, 운동 습관과 관련해서는 다른 활동의 미니 단계(가령, 팔굽혀펴기 10회)가 더 빠르고 쉽게 달성되기 때문이고, 둘째, 집을 나서려고 옷을 챙겨 입고 나면 거의 언제나 의욕이 솟구치고 실제로 달리다 보면 탄력이 붙어 적어도 세 바퀴는 돌게 되기 때문이다.

완벽하게 균형을 이루지는 않았지만, 이 목표치 설정은 내 운동 습관에 중요한 역할을 했다. 처음부터 최소한 세 바퀴를 걷거나 뛰어야 한다는 생각으로 집을 나서야 했다면 아마 그렇게 자주 밖에 나가지 못했을 것이다. 이런 것이 바로 자율성의 힘이다. 나는 한 바퀴만 돌아도 되는 자유가 있었기에 오히려 밖에 나갈 때마다 더 많이 걷거나 뛸 수 있었다. 지금껏 한 바퀴로 끝낸 적은 없지만 언제든 한 바퀴에서 멈출 수 있다는 자유로운 선택권이 내 성공에 결정적인 역할을 했다.

이렇듯 각 단계의 목표치가 완벽하게 균형을 이루지 않아도 다른 수평적 선택지들이 그 공백을 메워준다. 목표의 단계마다 승리의 경로가 여럿이라는 건 멋진 일 아닌가!

플러스 목표는 세 단계의 균형을 적절하게 맞추기에 좋은 기준점이다. 일정 기간 달성한 승리의 평균값이 플러스라면, 그 시스템은 균형이 잘 잡혀 있는 것이다. 미니 목표를 달성하는 날도 있고 엘리트 목표를 달성하는 날도 있겠지만 평균이 플러스라면 잘하고 있는 것이다. 단, 엘리트 목표가 너무 어려워서 플러스 승리만 얻는다면 당신의 성과가 나빠지고 역동성이 위축된다.

- **미니 목표는 달성하지 못한다는 게 말이 안 될 만큼 극단적으로 쉬워야 한다.**
- **플러스 목표는 적절한 도전이면서도 전혀 위협적이지 않아야 한다.**
- **엘리트 목표는 몹시 힘들지만 달성한 뒤에는 흥분이 가시지 않아야 한다.**

탄력적 습관을 시작한 이후 나는 그 어느 때보다 엘리트 승리를 더 많이 얻고 있다. 그것도 거의 꾸준히. 자율성과 동기incentive라는 강력한 조합 덕분이다. 회사에서 성과가 좋은 사람도 성공 보수로 동기를 부여받고 자유로운 선택권을 보장받아야 그런 성공이 가능하다.

우리에게는 언제나 삶을 향상시키려는 동기가 있다. 하지만 우리에게는 자유가 무엇보다 중요해서 그 동기가 우리를 구속하고 숨통을 조이기 시작하면, 우리는 삶을 향상시키려는 노력을 그만둬버린다. 하지만 탄력적 습관 전략을 쓰면 다른 어떤 습관 전략보다 더 많은 자유가 보장될 것이다.

탄력적 습관 아이디어와 예시

목표를 정하고 그 목표들 사이에서 균형을 잡을 때 다음 예들을 참고하면 도움이 될 것이다. 구체적인 숫자에 너무 집착하지 마라. 단순한 예이기 때문에 당신에게는 맞지 않다. 그보다는 목표치들이 어떻게 균형을 이루고 있는지, 어떤 전략적 사고에서 이런 구조가 나왔는지에 초점을 맞춰라.

《습관의 재발견: 다이어트 편》에서 소개했던 식단 개선법은 평소 먹는 음식 중에 사소한 한 가지를 더 건강하게 먹는 걸 의미한다. 즉 건강에 해로운 패스트푸드로 식사해도 당신이 생각하는 것처럼 완전한 실패는 아니다. 한 번에 30번씩 씹거나, 탄산음료 대신 물을 마시거나, 식사 전에 물을 한잔 마시거나, 빵 대신 양상추를 먹거나, 감자튀김 대신 좀 더 건강한 사이드 메뉴로 바꾸면 된다. 무엇을 개선이라고 할지는 당신이 지금껏 해왔던 행동을 기준으로 하면 된다. 지금껏 물을 많이 마셔왔다면, 그걸 개선으로 치면 안 된다.

예를 들어, 식당에서 햄버거, 감자튀김, 탄산음료로 식사를 한다고 해보자. 이때, 빵은 양상추로, 감자튀김은 양배추 샐러드로, 탄산음료는 물로 바꿀 수 있다. 이렇게 세 가지 모두 개선하면 엘리트 승리, 한 가지를 개선하면 미니 승리, 두 가지를 개선하면 플러스 승리다. 아니면 그냥 간단하게 주 메뉴를 더 건강한 음식(가령, 샐러드나 연어 등)으로 바꿔서, 즉 식사를 '대대적'으로 개선해서 엘리트 승리를 얻을 수도 있다.

[체력 단련 1]

미니	고강도 인터벌 운동 1회	스쾃 10회	-
플러스	고강도 인터벌 운동 3회	스쾃 40회	헬스장 가기
엘리트	고강도 인터벌 운동 6회	스쾃 100회	헬스장에서 40분 이상 운동

[체력 단련 2]

미니	스트레칭 1분	5,000보 걷기	노래 1곡에 맞춰 춤추기
플러스	스트레칭 10분	1만 보 걷기	노래 3곡에 맞춰 춤추기
엘리트	스트레칭 30분	1만 5,000보 걷기	노래 6곡에 맞춰 춤추기

[체력 단련 3]

미니	점핑잭 (팔 벌리고 뛰기) 20회	러닝머신 300미터	수영장 가기
플러스	점핑잭 100회	러닝머신 1.6킬로미터	수영 10바퀴
엘리트	점핑잭 300회	러닝머신 4킬로미터	수영 24바퀴

[건강한 식사]

미니	과일/채소 1접시 더 먹기	1가지 개선하기	-
플러스	과일/채소 2접시 더 먹기	2가지 개선하기	-
엘리트	과일/채소 3접시 더 먹기	3가지 개선하기	대폭적인 식단 개선

[물 마시기]

미니	1리터
플러스	2리터
엘리트	4리터

[독서]

미니	2쪽 읽기
플러스	15쪽 읽기
엘리트	40쪽 읽기

물을 얼마나 더 마시는지 섭취량을 추적하고 싶다면 2리터에 도전해보라. 4리터만큼 많지는 않지만 그래도 여전히 많은 양이다. 게다가 물 마시는 양을 4리터로 늘리고 싶으면 물병을 한 번만 더 채우면 되기 때문에 편리하다. 물 마시기 습관을 들이고 싶다면 한꺼번에 많이 마시지 말고 여러 번에 나눠 마셔야 한다(물 중독은 대단히 위험하다).

독서 습관의 경우, 전자책 단말기를 사용한다면 모든 책에 쪽수가 있는 게 아니기 때문에 시간을 목표치로 잡는 게 낫다. 아니면 미니 목표를 '2쪽 또는 1분'이라는 식으로 정할 수도 있다.

[감사하기]

미니	감사한 것 적기 1분	감사한 것 1가지에 대해 깊이 성찰하기	고마운 사람에게 깜짝 인사하기
플러스	감사한 것 적기 3분	감사한 것 3가지에 대해 깊이 성찰하기	전화나 이메일로 두 사람에게 깜짝 인사하기
엘리트	감사한 것 적기 10분	감사한 것에 대해 15분 동안 성찰하기	뭔가를 사거나 만들어서 고마운 사람에게 선물하기

감사하기는 비일상적인 행동을 탄력적 습관으로 만드는 방법을 보여주는 좋은 예다. 매일 누군가에게 고맙다는 표현을 한다면, 새롭게 고마워할 사람이 없을 수도 있다. 습관을 들인답시고 같은 사람에게 또 고마움을 표현하는 건 억지스럽게 느껴진다. 그래서 매일 감사한 것을 적거나 그에 대해 성찰하는 선택지를 둔다. 하지만 고마운 사람에게 마음을 표현할 기회가 생기면 자기가 고맙게 생각하고 있다는 사실을 되새겨보는 계기로 삼는다.

특정 활동을 특정 단계의 유일한 선택지로 정하면 그 활동을 강조하는 효과가 있다. 탄력적 습관 전략은 유연성이 뛰어난 시스템이다. 감사하기를 또 어떻게 바꿀 수 있을지 생각해보자.

[감사하기(대안)]

미니	축복이라고 생각하는 것에 대해 성찰하기(1분)		
플러스	감사하는 것에 대해 300자 이상 쓰기	감사 인사를 기대하지 않는 사람에게 고마움 전하기	-
엘리트	감사하는 것에 대해 600자 이상 쓰기	뭔가를 사거나 만들어서 누군가에게 감사 선물로 전하기	-

특정 분야에 집중하고 싶을 때는 선택지가 적은 편이 낫다. 활동별로 수직적 유연성을 모두 갖춰야 하는 건 아니다. 단계별로 매일 실천할 선택지만 있으면 된다. 예를 들어, 선물을 사거나 만드는 건 훌륭한 엘리트 선택지이지만 매일 실천할 수 있는 습관은

아니다. 하지만 감사하는 것을 글로 적는 일은 매일 할 수 있다.

[명상]

미니	명상 1분	호흡에 집중하며 요가 1분
플러스	명상 10분	요가 10분
엘리트	명상 30분	요가 30분

[글쓰기]

미니	50단어 쓰기	편집 5분
플러스	500단어 쓰기	편집 30분
엘리트	1,500단어 쓰기	편집 2시간

위에 소개한 탄력적 글쓰기 습관은 내게 아주 효과적이다. 편집은 보통 시작할 때 시간을 확인하지만 방해 요소가 많아 정해진 시간 동안 계속하지는 못한다. 하지만 나는 각 단계의 양을 잘 파악하고 있다. 글자 수를 세는 경우, 스크리브너Scrivener라는 소프트웨어를 쓴다. 스크리브너는 그날 쓴 글자 수를 자동으로 세어준다.

물론, 탄력적 습관에는 선택지가 수없이 많지만, 위의 예들을 보고 몇 가지 아이디어를 얻었기를 바란다. 이제 4단계로 넘어가 보자!

[일기 쓰기]

미니	1문장 쓰기	-
플러스	1단락 쓰기	1문장 쓰기 & 일주일 전체 검토
엘리트	1쪽 쓰기	1단락 쓰기 & 한 달 전체 검토

[목공]

미니	목공 프로젝트 2분	새로운 프로젝트 1개 적기
플러스	목공 프로젝트 20분	새로운 프로젝트 5개 적기
엘리트	목공 프로젝트 1시간	새로운 프로젝트 디자인 및 계획하기

[연설]

미니	횡격막 운동 1분	잰말놀이(발음하기 어려운 말을 빨리 외우는 놀이) 1분 또는 7번 반복	연설 연습 1번
플러스	횡격막 운동 5분	잰말놀이 5분 또는 25번 반복	연설 연습 3번
엘리트	횡격막 운동 10분	잰말놀이 15분 또는 50번 반복	연설 연습 6번

4단계: 신호를 정해서 충실하게 지킨다

습관을 만드는 기존 전략의 경우, 행동을 촉발하는 신호가 하나다. 보통은 하루 중 '특정 시간' 또는 '다른 행동'이 신호가 된다. 나는 이걸 '시간 기반 신호', '행동 기반 신호'라고 부른다.

시간 기반 신호: 정해진 시간에 하기.(예: 8시 45분에 이 닦기)

행동 기반 신호: 이미 습관화된 다른 행동 다음에 하기.(예: 샤워 뒤에 이 닦기)

이런 전통적인 신호들은 편하고 효과적이다. 성공할 경우, 한 가지 신호로 습관을 들여 결국에는 반자동적으로 그 행동을 하게 된다. 별생각 없이 습관적으로 하고 싶은 행동이 있다면 이 방법이 좋은 선택지다.

신호를 하나만 사용하는 전통적인 방식은 우리 뇌에서 습관이 작동하는 방식인 신호-행동-보상의 순환고리에서 착안한 것이다. 어떤 신호가 특정 행동에 대한 욕구를 일으키고, 그 행동이 끝나면 그것으로부터 특정 유형의 보상을 받는다. 문제는 특정 습관을 하게 하는 신호를 하나 이상 가질 수 있다는 것이다.

나쁜 습관 모델을 활용한다고? 좋은 습관에?

대부분의 나쁜 습관은 신호가 여러 개다. 또한 대개는 자신도 모르는 사이에 '야생에서' 무럭무럭 자란다. 나쁜 습관은 집 안에서 세심하게 가꾸는 화초가 아니라 사람의 손길이 닿지 않는 방치된 대나무숲에 가깝다. 예를 들어, 담배는 식사 후에, 술을 마실 때, 도박할 때, 스트레스받을 때, 축하할 일이 있을 때 등 여러 상황에서 피운다. 좋은 습관과는 달리 '야생에서' 자라난 나쁜 습관은 신호가 여러 개다.

우리 뇌의 잠재의식은 나쁜 습관과 좋은 습관을 차별하지 않는다. 둘 다 신호-행동-보상의 과정을 거친다. 대다수 사람은 신호 하나에 좋은 습관 하나를 연결하는 방식을 추천하지만, 우리, 특히 나와 성격 유형이 비슷한 사람들에게는 나쁜 습관이 새로운 가능성을 보여준다.

나는 즉흥적이고 반항적이다. 지나치게 구조화된 전통적 습관에는 관심이 없는 정도가 아니라 아예 근처에 가지도 않는다. 매일 하루를 계획하고 싶어 하는 사람들이 있다. 하지만 나는 아니다. 그리고 나만 이런 것은 아니다. 이건 누가 맞고 틀리다는 말이 아니라, 결국에는 성격 유형이 중요하다는 얘기다. 만약 일정을 짜고 관리하는 일을 좋아하고, 전통적인 방식대로 신호가 하나인 습관을 들이고 싶은 사람이라면 탄력적 습관을 통해 대단히 성공적으로 목적을 이룰 수 있을 것이다. 여기서는 유일한 신호를 사용할 때의 단점을 알아보고, 단조로움 없이 매일 습관을 실천하게 해줄 대안을 제시하려고 한다.

엄격한 규칙은 아주 좋다. 깨지기 전까지는. 엄격한 규칙은 명확하고 단순하고 간결하다는 장점이 있지만 신호가 하나이기 때문에 제한적이고 억압적인 느낌을 주고, 지키지 못하면 좌절감을 준다는 단점이 있다. '오후 5시에 명상하기'가 목표인데, '5시' 신호를 놓쳤다고 하자. 당신은 하나뿐인 신호를 놓쳤다. 실패다. 어떻게 해야 할까? 그냥 나중에 한다고? 그럴 거라면 애초에 그런 명확한 신호를 무엇 때문에 정했나? 그렇다고 '하나뿐인' 신호를 놓쳤으니, 그날은 아예 건너뛰어 버려야 할까?

나쁜 습관은 생명력이 강하고 뿌리도 여러 갈래여서 없애기가 어렵다. 사람들과 어울릴 때마다 담배를 피우던 사람이 금연을 했다고 하자. 그도 화가 나면 어느새 담배로 손을 뻗을 것이다. 점심은 건강한 식단으로 바꿨지만 늦은 밤에 먹는 야식은 여전히 참기 힘든 유혹이다. 그렇다면 좋은 습관도 이렇게 회복력이 좋아질 수 있을까? 그건 우연히 되는 것도 아니고, 다른 전략들(좋은 습관을 하나 이상의 신호와 연결할 수 있다는 사실을 인정하지 않는 전략들)로 되는 것도 아니다.

경우에 따라, 사람에 따라, 습관 행동에 따라, 신호가 하나인 게 이상적일 때도 있다. 이건 틀림없는 사실이다. 하지만 세상에는 정해진 신호가 없는 게 더 효과적인 수많은 상황, 사람, 습관 행동이 있다. 그런 의미에서 《습관의 재발견》에서는 '잠들기 전 아무 때나'를 선택지로 활용했었다. 책을 출간한 뒤 나를 비롯한 수많은 사람이 '신호 없음'이라는 선택지를 선호한다는 사실이 드러났다. 게다가 이런 '신호 없음' 선택지가 탄력적 습관에서는 훨씬 효과적이다.

일별 신호(신호 없음)

나는 탄력적 습관에 일별 신호를 사용한다. 특정 신호가 없으면 유연성이 극적으로 높아진다. 하지만 앞에서 보았듯이, 안정성이 없으면 유연성은 바닥에 엎질러진 물처럼 쓸모없어진다.

"이번 달에는 50단어 이상을 서른 번씩 써야 해"라고 목표를 정했다면, 첫날 서른 번을 모두 써버리고 그달의 목표치를 한꺼번에 해치울 수 있다. 하지만 그 정도의 유연성을 허용하는 것은 습관 형성에 필수적인 하루하루의 안정성을 과소평가하는 것이다. 습관 신호가 아무리 유동적이어도 최소한 '그날 하루' 안에는 끝나야 한다는 한계가 있는 것도 그래서다.

생각, 냄새, 소리, 사람, 다른 행동, 기분, 욕망, 장소, 시간대 등 거의 모든 것이 습관 신호가 될 수 있다. 게다가 모든 신호를 행동 하나와 짝지을 수도 있다. 일별 신호는 신호를 하나만 정하는 대신 불특정한 다수의 신호를 한 가지 행동에 연결할 수 있다는 의미를 지닌다.

일별 신호를 사용하기로 했다면 자기 전까지 아무 때나 습관 활동을 마치는 것이 목표가 된다. 즉 목표 달성에 '하루'라는 시간이 주어지기 때문에 심지어 머리가 베개에 닿기 직전에도 그날 목표치를 달성할 기회가 있는 셈이다. 일별 신호를 쓰면 더 큰 승리를 계획하고, 필요할 때 휴식을 취하고, 다수의 신호로 습관을 형성하는 데 도움이 된다.

나는 로봇처럼 정해진 일정에 따라 정해진 일을 한다는 생각에는 거부감을 느끼지만, 내 즉흥적인 생활 방식에 맞게 일상적으로 유연한 습관을 들이는 것은 좋아한다. 나는 글을 쓰고, 운동하고, 책을 읽는 (전부 내 탄력적 습관들이다) 사람이라는 정체성을 확립하고 싶다. 그래서 유연한 일별 신호를 활용하여 매일 이 세 가지를 모두 실천하지만, 매번 방법도, 시간도, 양도 다르다.

일별 신호가 아침마다 샤워하는 습관처럼 아무 생각 없이 '자동적'으로 습관 행동을 하게 해주지는 않지만, 나처럼 작은 습관을 수년간 성공적으로 실천하고 있는 수많은 사람이 입증했듯이, 효과는 확실하다. 일별 신호는 정해진 틀이 없다는 단점을 즉흥성과 유연성 같은 다른 '뿌리들'로 보완한다.

일별 신호의 큰 장점은 미세한 조정이 필요 없다는 것이다. 명확한 개별 신호를 사용하려면 습관마다 반드시 한 가지 신호를 정해야 한다. 하지만 일별 신호를 쓰면 어떤 습관을 언제 어디서 실천해야 할지 기억할 필요 없이 하루 중 아무 때나 하면 된다.

시간대 신호

시간 기반 신호는 너무 구속적이고 일별 신호는 너무 느슨하다. 그래서 어느 정도 유연성이 있으면서도 안정적인 한 가지 신호가 필요하다면 '시간대별 신호'를 추천한다.

수면 시간이 여덟 시간이라면, 일별 신호를 사용할 경우 목표를 달성할 수 있는 시간은 열여섯 시간이다. 반면 시간대 신호의 경우 한 가지 이상의 습관 행동을 마쳐야 하는 시간대가 일별 신호보다 줄어든다. 보통은 '퇴근 후 집에 도착한 시점부터 저녁 8시 전까지'처럼 한두 시간 정도다. 케이블 기사가 "오전 9시에서

11시 사이에 방문하겠습니다"라고 말하는 것과 비슷하다.

시간대 신호는 매일 (또는 평일) 같은 '시간대'에 시간적 여유가 있는 사람에게 매우 효과적이다. 매일 습관을 실행할 최고의 기회가 퇴근 뒤에 집에서 다른 활동을 시작하기 전까지라면, 그 시간을 한 가지 이상의 탄력적 습관을 실행할 시간대로 활용해라. 아니면 '출근 전'과 '퇴근 후'를 모두 시간대 신호로 쓸 수도 있다. 하지만 시간대 신호가 점점 늘어나 하루 중에 산발적으로 흩어져 있는 시간대를 관리해야 한다면, 전부를 묶어 '일별 신호'라고 부르는 편이 낫다.

나는 일별 신호가 좋다. 일별 신호는 자유로운 시간대를 알려주는 자동적인 신호이기 때문이다. 매일 아무 때나 한가한 시간이 생기면 습관 행동을 실천하는 시간으로 활용할 수 있을지 생각해봐라. 생활 방식에 변화가 심하고 일정이 자주 바뀌는 사람은 일별 신호를 쓰는 쪽이 마음 편하다. 하지만 일과가 대체로 정해져 있고 예측 가능성이 높다면 시간대 신호, 시간 기반 신호, 행동 기반 신호가 더 효과적이다.

유연성 테스트

유연성이 많다는 건 승리할 조건이 그만큼 늘어난다는 의미다. 그래서 나는 사람들에게 (습관 일정을 원하거나 필요로 하는 것이 아니라면) 처음에는 일별 신호로 시작할 것을 추천한다. 일별 신호는 탄력적 습관의 취지에 잘 맞는다. 하지만 일별 신호를 써서 실패한다면 시간대 신호를 시도해봐라. 그것도 실패하면 시간 기반 혹은 행동 기반 신호로 바꿔봐라.

탄력적 습관 전략의 기본 취지는 당신에게 유연성을 많이 주는 것이다. 유일하게 유연성을 줄일 때는 목표로 정한 습관을 들이려면 안정적인 구조가 더 필요하다는 사실을 인지했을 때뿐이다. 결국 이 모든 것은 당신의 생활 방식이 어떤지, 또 당신이 습관을 얼마나 진지하게 생각하는지의 문제로 귀결된다. 습관 형성을 진지하게 받아들이고 여기 전념한다면 습관 실행을 잊는 경우는 거의 없을 것이다. 난 세 가지 탄력적 습관을 시작한 처음 석 달 동안 '책 읽기' 습관을 위한 실천을 딱 한 번 빼먹었다. 270번 중에 딱 한 번이었다.

시간 기반 신호나 행동 기반 신호를 쓰기로 했다면, 실패에 대비해야 한다. 신호를 놓쳤을 경우, 그걸로 끝이 아니라 다른 날에 싸울 수 있도록 미니 목표를 달성해야 한다는 의미다.

매일 밤 잠들기 전에 습관추적일지를 기록하는 습관을 들여서 습관을 들이기 위한 행동을 모두 끝냈는지 확인할 수도 있다. 습관이든 삶이든, 중요한 것은 모든 전투를 매번 같은 방법으로 통제하지 않는 것이다. 빠짐없이 성실하게 전쟁터에 나가 상황에 맞게 가장 지혜로운 방법으로 싸우자.

아침 계획 신호

탄력적 습관 전략에 깔린 기본 아이디어는 그날 하루의 목표치를 우리 삶에 맞춰 조정하는 것이다. 습관을 형성하려면 어떤 식으로든 매일 실천해야 한다. 삶은 시시각각 변하고 정신없이 돌아가기 때문에 내일이 과연 오늘과 같을지, 2주 뒤의 상황이 목표를 정했던 2주 전의 상황과 같을지 알 길이 없다. 하지만 적응력이 있다면 어떤 상황에서든 즉흥적으로 대처할 수 있다.

이런 장점에도 불구하고 일별 신호는 구조화되어 있지 않다는 단점이 있다. 이는 일상생활에 어떤 식으로 습관 활동을 끼워 넣어야 할지 방법을 찾지 못한 사람들에게는 문제가 될 수 있다. 완전히 고정된 습관 전략과 완전히 유연한 습관 전략 사이에 위치한 적절한 대안은 아침마다 계획을 세우는 것이다. 아침은 그날 일과를 살펴보고 탄력적 습관을 언제 어떻게 실행할지 계획을 세우기에 가장 좋은 시간이다. 그날 어떤 일들이 예정돼 있고 심지어 그날 기분이 어떨지까지 예상하기에 가장 좋은 시간이다. 대부분의 목표가 실행에 앞서 한참 전에 정해진다는 점을 고려하면, 이 정도의 정보는 대다수 사람이 목표를 정할 때 가진 정보보다 훨씬 많은 양이다. 이렇듯 아침은 가장 많은 정보를 가지고 그날 목표를 어떻게 공략할지 계획을 세울 절호의 기회다.

아침 계획을 세울 때 습관 활동의 단계까지 정할 필요는 없다. 아침에는 우선 수평적 선택지들 중에 그날 적합한 활동을 고르고, 미니, 플러스, 엘리트 목표 중에 어느 단계를 할지는 해당 활동을 할 때 정하면 된다. 물론 어떤 습관 활동을 어떤 단계로 할지 한 번에 정할 수도 있다. 하지만 이 경우, 아침에 정한 약속을 지키지 못해도 그걸 보충할 여지를 남겨야 한다.

대부분의 목표에 숨겨진 가장 큰 함정은 이분법적 사고다. 원래 계획했던 원대한 목표를 달성하지 못하면 차라리 아무것도 안 하는 게 낫다고 포기해버리는 것이다. 탄력적 습관 시스템에서는 그런 일이 일어나지 않는다. 나는 언제나 당신이 계획을 세우고 엘리트 승리를 얻기를 응원한다. 하지만 당신이 큰 목표에 도전하지 못했다 해도 임기응변으로 미니 승리를 달성할 마음가짐이 되어 있기를 바란다.

계획은 몇 시간만 지나도 바뀔 수 있다. 이 점을 명심하길. 나는 당신이 아침에 눈뜨면 그날 계획을 세우고, 그 계획을 실행에 옮길 거라고 믿는다. 하지만 그렇지 못한 날에도 당신이 빈손으로 끝나는 하루를 받아들이지 않는 한, 그 무엇도 당신을 가로막지 못한다. 계획했던 것보다 작은 승리를 얻는다고 해도 완전히 실패하는 일은 없다.

신호 정리

- **일별 신호(추천):** 잠들기 전 아무 때나 실행한다(하루 중 아무 때나 기타 치기).
- **아침 계획 신호(추천):** 아침마다 그날 하루의 탄력적 습관 계획을 세운다. 습관별로 수평적 선택지에서 활동을 정하고, 수직적 선택지 중에서 실행 단계를 고른다(출근 전 오전 7시 30분에 헬스장 가기, 점심 때 최소한 한 가지 미니 단계로 식단 개선하기, 밤에는 주방 청소. 됐어. 여기까지 하면 세 가지 탄력적 습관 모두 달성한 거야!).

- **시간대 신호:** 특정 시간대에 실행한다(오후 3~5시 활쏘기 연습).
- **시간 기반 신호:** 매일 같은 시간에 실행한다(오후 3시 30분 정원 가꾸기).
- **행동 기반 신호:** 특정 행동을 한 다음에 바로 실행한다(일어나자마자 운동하기).

탄력적 습관 전략의 수평적인 탄력성(한 가지 습관을 들이기 위한 다수의 선택지)을 고려해볼 때, 나는 일별 신호를 추천한다. 이 전략은 수평적 탄력성이 있어서 매일 가장 적당한 활동과 신호를 고를 수 있기 때문이다. 아니면 아래처럼 수평적 선택지마다 신호를 다르게 정할 수도 있다.

탄력적 습관: 운동

수평적 선택지: 팔굽혀펴기, 걷기/달리기, 헬스장

- **기상**: 팔굽혀펴기
- **오후 12시 30분**: 걷기
- **퇴근 후:** 헬스장

위에서는 하루 동안 여러 개의 신호를 쓴다. 당신의 목표는 이들 중 하나 이상을 마치는 것이다. 나는 이런 경우에도 일별 신호가 가장 효율적이라고 확신한다. 하루 중 목표를 실행할 기회가 오면 직관적으로 그 순간에 맞는 활동을 선택할 수 있기 때문이다. 일별 신호를 쓰면 하루의 흐름이나 현재 에너지 수준 등이

자동적으로 적당한 시간에 최적의 활동을 선택해주기 때문에 일일이 신호를 정할 필요가 없다. 그래서 일별 신호를 쓰는 게 훨씬 덜 복잡하다.

일별 신호는 최소한의 구조와 최대한의 유연성을 갖추었다. 사람의 어깨 관절과 비슷해서 유연하고 강력한 힘을 발휘하지만, 제대로 관리하지 않으면 문제가 생기기 쉽다. 일별 신호의 유연성을 지탱하려면 꼭 필요한 틀이 하나 있다. 바로, 성실함이다.

성실하면, 성공한다

어떤 전략을 선택하든 약속을 지키는 성실함은 습관 형성에 중요한 역할을 한다. 어떤 습관을 들이기로 마음먹었다 해도 그걸 제대로 지키지 않으면 소용이 없다. 나는 매일 내가 정한 탄력적 습관들을 실천한다. 하루도 빈손으로 끝나는 날이 없게 하겠다고 나 자신과 약속했기 때문이다. 아플 때와 휴가 때만 어쩔 수 없이 빼먹는다(그런 상황에서도 습관을 실행할 수는 있지만, 꼭 해야 하는 건 아니다).

나도 약속을 지키기 힘들다는 걸 안다. 하지만 이 전략은 다르다. 완벽한 유연성 덕분에 습관 활동을 언제, 어떻게, 어느 강도로 할지 당신이 마음대로 정할 수 있어서 그만큼 지키기가 쉽다. '30일 도전하기'는 있어도 '3년 도전하기'는 없는 이유는 30일이 넘어가면 사람들이 부담스러워하기 때문이다.

사람들이 약속을 지키기 힘들어하는 것은 스스로 그것을 원하는지 확실하지 않아서다. 하지만 결혼을 생각해봐라. 결혼은 사람이 할 수 있는 가장 큰 약속이고, 모두가 그날을 생애 최고의 날이라고 축하한다. 약속 대상을 사랑하면 그 약속은 커다란 기쁨이 된다. 당신은 탄력적 습관과의 약속을 사랑하게 될 것이다.

일별 신호를 정하고, 성실하게 지켜라. 하루도 빠짐없이 매일. 당신이 정한 신호를 진지하게 받아들여라. 습관을 실천하지 못한 날에는 미니 목표라는 안전망이 있음을 절대 잊지 마라. 그렇게만 하면, 멀리, 더 멀리 나아갈 수 있을 것이다.

5단계: 습관을 적어 잘 보이는 곳에 붙인다

당신이 들이고 싶은 습관을 적어 잘 보이는 곳에 붙여라. 그동안 썼던 습관 일기는 당장 태워버려라. 습관은 감춰야 할 비밀이 아니다. 이런 결정이 비참한 실패와 눈부신 성공을 가른다.

눈부신 성공을 원한다면, 두 가지를 눈에 잘 띄는 곳에 붙여라.

1. 탄력적 습관
2. 습관추적일지

매일 어떤 방법으로 습관을 추적하든(습관추적은 다음 단계에서 다룬다), 탄력적 습관과 습관추적일지는 따로 붙여두어야 한다. 왜일까? 탄력적 습관의 기본 틀은 성공 조건이 아홉 개이기 때문에 작은 공간에 붙이기 힘들다.

당신의 목표는 '매일 1킬로미터 뛰기'만이 아니라, 체력을 키우기 위한 세 가지 활동에 세 단계 강도가 접목된 아홉 가지 선택지 중에서 골라야 한다.

이 시스템을 쉽게 실천할 수 있도록 전용 제품을 개발했고 부록에서 소개하겠지만, 성공을 위해 제품이 반드시 필요한 건 아니다. 컴퓨터로 만들어 인쇄하거나, 카드에 (색깔별로) 적어 판에 붙여두면 된다. 바꾸고 싶으면 다시 인쇄하거나 새 카드에 다시 적으면 된다. 이제 습관추적에 대해 이야기해보자.

6단계: 습관을 추적한다

대부분의 습관추적 방식은 X나 V 표시를 사용한다. 성공 단계가 하나이기 때문이다. 하지만 우리는 성공 단계가 셋이고 따라서 표시 방법도 세 가지가 필요하다. 그것도 단순한 표시 방법으로는 부족하다. 꾸준함을 가장 높이 평가하고, 모든 단계의 성공을 똑같이 중요하게 여기는 심리를 반영한 것이어야 한다.

모든 단계의 성공에서 꾸준함과 보상을 가장 우선시하기 위해, 단계별로 미묘한 차이만 있는 표시 방법을 사용하길 권한다. 엘리트 승리에는 진짜 다이아몬드를 장식하고 미니 승리에는 파리 사체를 꽂는 짓은 하면 안 된다. 둘 다 확실하고 값진 승리이기 때문이다! 습관추적의 구체적인 방법을 알아보기 위해 탄력적 습관에 쓰이는 습관추적일지를 예로 들어보자.

색깔별 표시와 마킹

어떤 사람들은 습관의 종류에 따라 다른 색깔 스티커를 사용한다. 가령, 물 마시기는 파란색, 청소는 주황색 스티커로 구분하는 식이다. 하지만 이 방법은 습관을 색깔별로 구분하는 목적을 무시한 것이다! 당신의 습관에는 이미 제자리와 이름이 있다! 굳이 색깔까지 동원할 필요는 없다. 우리는 활동 유형이 아니라 성공 단계에 따라 색이 다른 스티커를 사용할 것이다.

탄력적 습관의 공식 습관추적일지는 색깔별로 구분된 원형 스티커를 사용하기를 권한다. 습관 활동을 끝낸 뒤에 해당 단계에 스티커를 붙이면 된다(예컨대 미니는 초록색, 플러스는 은색, 엘리트는 금색). 각 단계의 승리가 여러 면에서 동등한 '승리'라는 점을 나타내기 위해 스티커의 모양과 크기는 통일하는 것이 좋다.

: 주의 :

색깔별 스티커 구분이 복잡하게 느껴지거나 스티커를 사용하고 싶지 않다면 각 단계를 나타내는 상징을 사용할 수도 있다.

상징을 사용하기로 했다면 다음 두 가지 중에 하나를 추천한다. 스티커의 좋은 점 중 하나는 성공을 덮어쓰기 할 수 있다는 것이다. 가령, 미니 목표를 달성해서 초록색 스티커를 붙였는데, 같은 날 플러스 목표까지 달성했다면 은색 스티커를 초록색 스티커 위에 덧붙이면 된다. 아래 소개한 표시들로도 같은 효과를 볼 수 있다. 필요한 경우, 미니 목표를 플러스 목표로, 또는 플러스 목표를 엘리트 목표로 상향 조정할 수 있다.

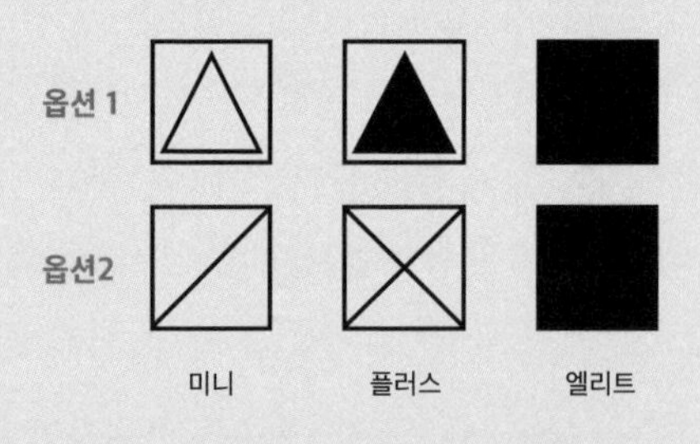

하루 동안 성공이 반복될 때

당신이 스티커 대신 마커를 사용한다고 하자. 어느 날 미니 승리를 하고 칸을 녹색으로 채웠다. 그런데 같은 날 뜻밖에도 엘리트 승리를 다시 했다면 어떻게 해야 할까? 칸을 이미 녹색으로 칠해서 바꾸기가 쉽지 않다(공식 습관추적일지의 경우 수성 마커가 많은 기능을 하지만, 이미 칠한 색을 지우고 다른 색을 칠하는 방법은 추천하지 않는다).

스티커를 사용한다면 초록색 스티커 위에 금색 스티커를 덧붙여서 승리의 단계를 높일 수 있다. 마찬가지로, 세모와 네모 역시 현재의 승리를 이전의 승리 위에 덧어쓰는 방식으로 표시할 수 있다. 미니 단계는 선으로 삼각형을 그리고, 플러스 단계는 삼각형 안쪽을 색칠하고, 엘리트 단계는 그 삼각형을 색칠된 사각형(또는 동그라미)으로 덮는 식이다. 상징을 사용해서 성공을 표시하는 방법은 연속적으로 업그레이드를 할 수 있어야 한다. 그래야 깜짝 승리를 했을 때 표시를 업그레이드할 수 있기 때문이다. 직접 해보면 얼마나 신나는 기분인지 알 것이다.

일반 달력을 사용한다면, 탄력적 습관 활동을 실천한 날짜가 적힌 칸의 상하좌우에 스티커를 붙이거나 상징을 그려 넣을 수 있다. 예를 들어, 체력 단련은 왼쪽 위, 책 읽기는 왼쪽 가운데, 발성 연습은 왼쪽 아래를 활용하는 식이다. 공식 습관추적일지만큼 깔끔하지 않고 점수를 표시해줄 여백이 부족하긴 하지만, 원래 가지고 있는 달력을 활용할 수 있어 부담 없다는 장점이 있다.

매일 스티커나 상징으로 세 가지 습관 칸을 채우는 데는 20초밖에 안 걸린다. 이 정도가 이 시스템에서 요구하는 유일한 '일일 관리'다!

모바일 앱보다는 종이에 기록하라

앞으로 시간, 돈, 독자들의 요구에 따라 탄력적 습관을 추적하는 모바일 앱을 개발할지도 모른다. 하지만 실제로 습관추적일지나 달력 등을 사용하는 방식이 가상의 앱을 활용하는 방식보다 언제나 훨씬 낫다는 점은 분명히 짚고 넘어가야겠다.

앱은 우리 머릿속에서 일어나는 생각과 비슷해서, 습관추적 앱이 휴대전화에 깔린 다른 수많은 앱과의 경쟁에서 질 가능성이 크다. 사람들이 늘 가지고 다니는 휴대전화는 편리하지만 다른 한편으로는 주의를 산만하게 한다. 나는 습관추적 모바일 앱으로 성공을 이어가본 적이 없다. 하지만 실제 달력을 활용했을 때는 놀라운 성공을 거뒀다. 절대 잊어버릴 일이 없고, 다른 앱과의 경쟁에서 지지도 않기 때문이다. 게다가 내가 만든 습관추적 일지를 사용하고 나서는 그 어느 때보다 많은 성공을 거뒀다. 빼먹는 날도 없고 주기적으로 엘리트 승리도 얻었다.

우리가 사는 사회는 기술이 지배하는 현대 사회다. 하지만 바로 그런 이유 때문에 당신의 습관을 기술과 떨어뜨려 놓아야 한다. 종이로 습관을 추적하면 손으로 만지고 눈으로 확인할 수 있는 실체가 있어서 모바일 앱보다 훨씬 더 만족스럽고 훨씬 더 '생생하게' 경험할 수 있다. 게다가 종이에 표시된 진전 상황을 보면 왠지 공식적으로 인정받은 느낌을 준다(대학 졸업장이 디지털이 아닌 이유가 이것이다!).

내가 시중의 앱으로 번번이 실패한 또 다른 이유는 똑똑하고 전략적 습관에 맞게 디자인된 게 아니라, 일반적인 습관을 형성하는 데만 초점을 맞추고 있기 때문이다. 이 글을 쓰는 현재까지도 탄력적 습관의 수평적·수직적 유연성을 뒷받침해주는 앱은 나와 있지 않다. 일반 앱으로 탄력적 습관을 추적하면 엉망이 되기 쉽지만 어쨌든 시도해보는 것은 환영한다.

7단계: 점수를 매기고 성과를 평가한다 (선택 사항)

탄력적 습관은 성공 단계가 셋이어서, 습관을 추적하는 방법도 완전히 새로워야 한다. 대부분의 습관추적 시스템은 습관을 실행했는지를 '예/아니오'로만 답한다. 하지만 탄력적 습관 전략에서는 매일 성과를 수치로 나타낼 수 있다. 다른 모든 전략과 똑같이 매일 100퍼센트 성공을 지향하면서도 최소한의 목표치를 얼마나 많이, 얼마나 자주 뛰어넘는지 눈으로 확인할 수 있다.

전용 습관추적일지로 탄력적 습관을 추적하는 데는 일반적인 습관을 추적하는 것 이상의 시간이나 노력이 들지 않는다. 또 탄력적 습관에 점수를 매기는 것은 선택 사항이어서 그냥 습관만 추적하고 점수는 매기지 않아도 된다.

일곱 단계 총정리

처음에는 이 시스템이 복잡해 보일지 몰라도, 그건 내가 이 시스템의 원리를 자세히 설명하고 있기 때문이다. 컴퓨터도 작동 원리나 소프트웨어들의 조합에 대한 설명을 들으면 머리가 아프지만, 컴퓨터라는 최종 결과물은 직관적이고 강력하다. 사실 이 시스템은 정말 쉽다.

1. 습관을 세 가지 정한다.
2. 세 가지 습관을 실행할 세 가지 활동으로 수평적 선택지를 확장한다. 즉 한 가지 습관마다 세 가지 활동으로 목표를 달성할 수 있다.
3. 수평적 선택지들은 활동 강도에 따라 각각 세 단계의 수직적 선택지로 나뉜다. 그날 어느 단계의 목표치를 달성할지는 당신이 정한다.
4. 내가 추천한 매일의 신호를 활용하면 잠자리에 들기 전까지만 목표를 끝내면 된다. 아니면 활동마다 또는 몇 가지 활동에만 신호를 정할 수도 있다.
5. 습관을 적은 종이를 집 안 잘 보이는 곳에 붙여라. 탄력적 습관만을 위한 포스터를 사용하거나 직접 만들어도 좋다.
6. 성공의 단계를 색깔별로 구분하는 스티커나 상징 표시로 매일 습관을 추적하라. 습관추적일지나 달력을 이용해라.
7. (선택 사항) 15일 단위로 그동안의 성과들을 점수 매긴다. 15일의 주기가 다시 시작될 때마다 이전 점수를 뛰어넘기 위해 노력해도 좋고, 그냥 자연스럽게 진전 상황을 관찰해도 좋다.

먼저 습관을 정하고, 습관마다 수평적·수직적 유연성을 정의한 다음, 습관을 추적할 방법을 준비해둬라. 탄력적 습관 전략은 어떤 전략보다 쉽고 보상이 크다. 당신은 습관 포스터를 보고 세 가지 활동 가운데 하나를 골라서 당신이 원하는 단계로 실행한 다음 추적일지에 성공의 단계를 표시할 것이다.

나는 습관 활동을 끝내고 나서 곧바로 표시할 때도 있고 자기 전에 표시할 때도 있다. 한번은 깜박해서 그날 표시하지 못하고 다음 날 아침에 표시한 적도 있다.

이 시스템을 유지하기 위해 필요한 것은 매일 칸 세 개에 표시하는 것이다. 그러면 하루하루의 가능성을 극대화하고 당신만의 속도로 발전할 수 있게 해주는 안정적이고 유연한 시스템이 보상으로 돌아온다. 언제 목표의 단계를 높여서 엘리트 승리를 얻을지를 말해주는 사람은 내가 아니라 당신이다. 언제 미니 승리를 달성하며 휴식을 취해야 할지를 말해주는 사람도 내가 아니라 당신이다. 사람들은 모두 각자의 개성과 고유한 삶이 있고, 이 시스템은 그 모든 다양성을 가볍게 수용한다.

한마디로, 탄력적 습관 전략은 한 가지만 제외하면 다른 습관 전략과 똑같다. 승리하는 방법이 하나가 아닌 (제각기 이점이 있는) 아홉 가지라는 점이다. 승리의 조건이 더 많다는 건 승리를 더 많이 할 수 있다는 의미다(지루함은 모든 습관 전략을 방해하는 공통의 적이다). 다음 장에서는 몇 가지 고급 전술과 탄력적 습관 전략으로 매일 성공하는 법을 살펴볼 것이다.

이 전략을 설계하기까지 많은 생각을 하고 실험과 조사에 많은 시간을 들였다. 반면 그 결과물은 작동 방식이 간단하고 유지 관리는 쉬우면서, 효율적으로 습관을 형성하고 단기적인 결과를 얻게 해주는 시스템이다. 이 시스템을 유지하는 데는 하루에 몇 초밖에 걸리지 않지만, 당신은 거기서 강력한 동기를 부여받고 모든 크기의 성공을 눈으로 확인하며 만족감을 얻을 것이다.

10장

고급 전략 및 전술 활용법

"필요를 인식하는 것이 디자인의 주된 요건이다."

— 찰스 임스 Charles Eames

이 장에서 소개할 전략들은 지금까지 살펴본 탄력적 습관 시스템을 응용한 것으로, 필요에 따라 선택적으로 활용할 수 있다. 자기한테 맞는 다른 대안을 찾는 사람들에게 도움이 될 것이다.

모듈형 습관

우리는 탄력적 습관 전략의 수직적 유연성을 활용하여 재미있는 시도를 해볼 수 있다. 기본적으로는 목표 활동을 몇 번이나 반복할지를 가지고 수직적으로 성공의 단계를 정할 수 있다.

반복 횟수를 이용한 예

- **글쓰기:** 50단어, 500단어, 1,500단어
- **운동:** 팔굽혀펴기 5개 , 팔굽혀펴기 30개, 팔굽혀펴기 100개

탄력적 습관의 기본 구조는 동일한 활동의 반복 횟수에 따라 수직적 단계가 정해지고, 유형이 다른 활동들로 수평적 선택지를 구성하는 것이다. 하지만 모듈형module型(자유롭게 떼었다 붙였다 할 수 있는 형태) 습관에서는 다른 유형의 활동을 덧붙이는 방식으로 수직적 단계를 구성한다. 청소를 예로 들어보자. 우리는 매일 식사 준비를 하기 위해 주방을 사용한다. 주방 청소를 이 모듈식 방법으로 습관 들일 수 있다. 주방을 청소하는 습관에서 엘리트 승리를 얻으려면 각 단계의 모든 활동을 끝내야 한다(하나만 하면 미니 승리다).

싱크대와 접시는 주방의 핵심이다. 이 두 가지가 어질러져 있으면 주방을 쓸 수 없다. 따라서 싱크대와 접시 닦기는 주방 청소의 첫 번째 선택지(미니 단계)가 된다. 플러스 단계는 조리대를

[주방 청소(모듈형)]

미니	접시, 싱크대 닦기
플러스	조리대 치우고 닦기
엘리트	바닥 쓸고 걸레질하기

정리하고 닦는 것이다. 마지막 엘리트 단계는 바닥 청소다.

체력 단련을 모듈형 습관으로 구성하면 다음과 같다(이번에도 체력 단련에 딸린 세 가지 수평적 선택지를 예로 활용했다).

- **미니:** 스트레칭 2분
- **플러스:** 맨몸운동 영상 10분 따라 하기
- **엘리트:** 피트니스 기구로 운동하는 영상 10분 따라 하기

위의 세 단계는 한 세트이지만 언제든 원하는 지점에서 멈추면 거기까지 목표를 달성하는 것이다. 미니 승리를 얻으려면 시원하게 스트레칭을 한다. 플러스 승리를 얻으려면 스트레칭을 하고 나서 간단한 맨몸운동을 한다. 엘리트 승리를 얻으려면 스트레칭과 맨몸운동을 포함해 20분 이상 운동을 한다.

모듈형 습관에서는 엘리트 단계를 좀 더 쉽게 조절해야 한다. 기본형 탄력적 습관에서와 달리, 모듈형 습관의 엘리트 단계에는 세 가지 활동이 전부 포함되기 때문에 기본형만큼 강도가 세면 안 된다.

악기 연습

- **미니:** 코드 연습 1분
- **플러스:** 노래 한 곡 연습 15분
- **엘리트:** 음악 이론 공부 15분

엘리트 단계를 달성했다면, 위의 세 가지 활동을 모두 끝낸 것이기 때문에 총 31분이 걸린다.

절약하기

- **미니:** 집에서 커피 마시기
- **플러스:** 직장에 도시락 싸 가기
- **엘리트:** 집에서 저녁 먹기

강연 연습

- **미니:** 횡격막 훈련 3분
- **플러스:** 잰말놀이/혀 굴리기 연습 1분 또는 20회 반복
- **엘리트:** (2분) 강연 연습 5회

모듈형 탄력적 습관은 강연처럼 여러 가지 기술이 필요한 활동에 매우 효과적이다. 횡격막 훈련으로 목소리의 힘을 키우고, 잰말놀이로 발음을 훈련하고, 강연 연습으로 침착함을 유지하는 훈련을 할 수 있다.

호환형 습관

모듈형 습관은 순서대로 진행해야 하는 반면 호환형 습관은 순서를 바꿀 수 있다. 탄력적인 청소 습관을 사례로 전반적인 운영 방식을 알아보자. 아래 예에는 모듈형과 호환형 외에도 다른

[청소]

	주방(모듈형)	빠른 청소	기타 청소	대청소(모듈형, 호환형)
미니	접시, 싱크대 닦기	방 1칸	1분	청소기 밀기
플러스	조리대 치우고 닦기	방 2칸	10분	먼지 털고 닦기
엘리트	바닥 쓸고 걸레질하기	방 3칸	30분	욕실 청소

두 유형이 포함돼 있다.

선택지가 많아 보이지만 매일 실천하는 방법은 간단하다. 먼저 하고 싶거나 필요한 청소 유형을 정한 다음 세로줄의 선택지를 따져본다.

첫째 열의 주방 청소는 모듈형이라서 각각의 단계를 순서대로 실행해야 한다. 마지막 열의 대청소는 모듈형인 동시에 호환형이라서 가령, '먼지 털고 닦기'로 대청소를 시작해도 엘리트 목표를 달성할 수 있다.

이처럼 탄력적 습관을 모듈형이나 호환형으로 구성하면 원하는 활동들을 어떤 식으로든 조합할 수 있다. 당신만의 청소 방법에 따라 청소의 유형이나 단계를 다양하게 구성해 청소 습관을 들일 수 있다.

탄력적 습관의 기본 개념에 모듈형을 더하면 습관 전략에 창의성이 극대화된다. 심지어 모듈형 선택지는 세 개로 제한할 필요도 없다.

습관 풀 Habit Pools

모듈형이나 호환형은 한 단계에 한 가지 활동만 골라야 하므로 모듈형의 습관 풀은 최대 여섯 개까지 생각해볼 수 있다(그 이상은 너무 복잡하다). 습관 풀에 포함된 활동들 중에 하나를 추가로 끝낼 때마다 한 단계 높은 목표치를 달성하는 것이다.

호환형 습관에서는 각 단계를 구성하는 활동의 난이도를 비슷하게 맞추는 것이 중요하다. 참고로, 단계별 난이도는 대략 플러스 단계나 그보다 약간 낮은 게 좋다. 단계별로 활동 하나를 끝내면 한 단계가 높아지는 방식이기 때문에 너무 어려워도 안 되고 너무 쉬워도 곤란하다.

운동 풀 예시: 턱걸이 15회, 팔굽혀펴기 20회, 점핑잭 30회, 스쿼트 30회, 1킬로미터 달리기나 걷기, 스트레칭 10분

유형에 상관없이 하나를 하면 미니 승리, 둘은 플러스 승리, 셋은 엘리트 승리다!

탄력적 루틴

루틴routines이란 일련의 행동들을 연달아 실행하는 것이다. 하지만 탄력적 루틴은 전형적인 루틴과 좀 달라서 실행 가능한 시

간, 의욕, 에너지에 따라 매일 강도(미니, 플러스, 엘리트)를 선택할 수 있다. 탄력적 루틴은 수직적으로는 유연하지만 수평적으로는 유연하지 않다. 처음부터 실행할 활동을 정해놓기 때문이다.

이 루틴은 최대 다섯 가지 활동으로 구성하는 것이 바람직하다. 다음은 네 가지 활동으로 구성한 아침 루틴의 예다. 아침 루틴을 선택하는 경우가 제일 많겠지만 자기 전이나 낮에 하는 루틴을 구성할 수도 있다.

[아침 루틴(가로줄 단위로 완료)]

	1단계	2단계	3단계	4단계
미니	팔굽혀펴기 1회	스쾃 5회	요가 1동작	이 닦기
플러스	팔굽혀펴기 10회	스쾃 25회	요가 3동작	이 닦기 및 치실질
엘리트	팔굽혀펴기 30회	스쾃 50회	요가 5동작	이 닦기 및 치실질

각 단계의 루틴은 가로로, 왼쪽에서 오른쪽으로 진행된다. 미니 루틴은 팔굽혀펴기 1회, 스쾃 5회, 요가 1동작, 이 닦기로 이루어진다. 당신이 아침 루틴을 한다면 어떤 활동들을 포함할지 생각해보자. 위생 관리, 몸단장, 글쓰기, 독서, 아침 식사 준비, 하루 계획 세우기, 명상, 운동, 도시락 싸기, 이메일 답장하기, 일정 시간까지 휴대전화 사용하지 않기, 특정 시간에 일어나기.

모듈형 습관은 도중에 멈출 수 있지만, 탄력적 루틴은 선택한 단계의 모든 활동을 끝내야 한다. 루틴은 여러 활동을 연달아 해야 하기 때문에 하나의 탄력적 습관이나 모듈형 습관보다 실행하기 어렵지만, 여러 활동이 한 세트를 이루어 효율적으로 작동하기 때문에 노력의 가치가 그만큼 크다. 탄력적 루틴은 매일 실행 강도(단계)를 다양하게 선택할 수 있다는 점에서 단계가 하나뿐인 일반 루틴보다 낫다. 예를 들어, 어느 날 아침에 시간이 별로 없다면 재빨리 작은 루틴을 하고 끝낼 수 있다.

나는 탄력적 습관 두 가지를 묶어서 탄력적 루틴 하나를 구성하는 방법을 추천한다. 그러면 여러 활동으로 루틴을 구성할 수 있기 때문이다. 따라서 내가 추천한 최대 세 가지 습관은 (두 가지 습관으로 구성된) 루틴 하나와 습관 하나로 나눠서 실행할 수 있다. 하지만 이것도 당신의 목표에 따라, 루틴의 강도에 따라 달라진다. 이 활동들은 연달아 이어지고 활동들 사이에 큰 마찰이 없어서, 3~5가지 활동으로 구성된 루틴 하나가 습관 하나보다 약간 더 어려운 정도일 것이다. 처음 시작할 때가 가장 힘들고, 일단 시작하고 나면 탄력이 붙어서 끝까지 하기 쉬워진다.

또 하나. 탄력적 루틴에는 (유연한 일별 신호가 아니라) 따로 신호를 정하는 게 좋다. 3~5가지 행동으로 구성되는 탄력적 루틴은 규모가 상대적으로 커서, 목표치가 가장 낮은 단계에서도 보통의 탄력적 습관보다 많은 구조가 필요하다. 보통의 탄력적 습관이 그렇게 잘 작동하는 이유는 그날그날 상황에 따라 큰 승리를 목표로 할 수도 있고 작은 승리를 목표로 할 수도 있기 때문이다. 하지만 더 크고 정교해진 습관과 루틴으로 꾸준히 승리하려면 미니 단계를 목표로 하더라도 계획을 더 철저히 세워야 한다. 그래서 루틴의 첫 번째 활동을 촉발할 시간이나 행동을 정해야 하는 것이다.

아침 루틴 신호는 쉽고 자동적이다. 아침에 눈뜨면 시작이다. 심지어 생각할 필요조차 없다! 그래서 아침이 루틴을 실천하기에 가장 완벽한 시간이다. 적극적인 자기관리로 하루를 시작하는 것이 얼마나 하루를 바꿔놓는지 그 차이를 경험할 수 있을 것이다. 탄력적 루틴은 바쁜 날, 한가한 날, 스트레스가 심한 날을 포함한 모든 날에 답을 줄 것이다!

잊지 마라. 그 단계를 달성하려면 미니, 플러스, 엘리트 활동을 모두 끝내야 한다. 단, 아침 루틴을 모듈형으로 만들면 모든 활동을 끝내야 한다는 조건이 없어진다.

목표치 변경

세계 선두 기업들도 기업 발전, 서비스와 품질 향상을 위해 데이터를 활용한다. 당신도 이제 습관에 데이터를 활용할 것이다! 목표치를 바꾸고 싶다면, 기존 목표의 성과를 수량화해 측정할 수 있어야 한다. 목표치는 다음 이유가 있을 때만 바꿀 수 있다.

1. 목표치가 필요 이상으로 높을 때
2. 한 주기(15일) 가 끝났거나 한 달이 됐을 때

한 주기가 끝날 때까지 기다리는 이유는 결과를 표준화하기 위해서다. 정해둔 목표를 며칠 만에 바꾸면 결과를 해석하기가 훨씬 어려워진다. 목표를 일정하게 유지해야 그 주기 또는 그달에 특정 목표를 수행한 결과가 어떤지 파악할 수 있다.

한 주기를 테스트 기간으로 정해서 어느 정도의 목표치가 적당한지 시험해보고 바꿀 수 있다. 목표치를 바꾸고 싶지만 현재 목표치를 평가하기 어렵다면 한 주기가 끝날 때까지 기다려라.

전력질주 프로젝트

《탄력적 습관》에는 전력질주라는 마법 같은 개념이 있다. 육상, 수영, 심지어 목표와 관련해서도 '전력질주'가 무슨 의미인지 알겠는데, 유독 탄력적 습관의 전력질주만 다른 이유는 뭘까?

목표 분야에서 사람들이 가장 흔히 하는 '전력질주'는 30일 도전이다. 30일 동안 평소와 극적으로 다른 행동을 시도하는 것이다. 실험으로서는 나쁘지 않지만 개인의 변화를 추구하는 시도로는 그리 훌륭하지 않다. 30일은 임의로 정한 기간일 뿐, 과학적으로 입증된 장점이 없다. 아무것도 안 하는 것보다는 낫지만 그것보다 더 좋은 방법이 있다.

목표 분야에서 전력질주의 가장 큰 문제점은 끝이 있다는 점이다. 일단 전력질주가 끝나고 나면 다음엔 무엇을 할 것인가? 별로 할 게 없다! 그래서 대개는 곧바로 아니면 서서히 원래대로 돌아간다. 전력질주가 끝난 뒤의 계획은 없는 게 보통이다. 그래서 자연스럽게 이런 지혜로운 말이 떠오른다. "계획을 세우지 않는 것은 실패를 계획하는 것이다."

탄력적 습관은 어느 방향으로도 늘릴 수 있다는 특징이 있다. 덕분에 현재 진행 중인 습관 형성을 방해하지 않으면서 자연스럽게 '전력질주' 프로젝트에 나설 수 있다. 여기서 중요한 것은 전력질주가 끝난 뒤의 계획이 이미 준비되어 있고(원래의 탄력적 습관으로 돌아가면 되기 때문에), 심지어 어떤 이유로든 전력질주를 중간에 그만둘 경우에 대비한 계획까지 있다는 점이다. 당신에게는 언제든지 "오늘은 미니 단계만 해야겠어"라고 외칠 수 있는 안전망이 있다. 무슨 일이 있어도 당신은 매일 앞으로 나아갈 것이다.

습관을 형성하는 과정에 짜릿함을 더하고 싶으면 언제든 전력질주 프로젝트에 나설 수 있다. 최대 15일 이하로 진행할 것을 추천한다. 그래야 15일이 지난 뒤에 점수를 얻을 수 있기 때문이다. 탄력적 습관 시스템 안에서 전력질주를 시도하는 데에는 또 한 가지 이점이 있다. 전력질주의 성과를 기록하고 점수를 매길 방법이 이미 갖춰져 있다는 것이다. 몇 가지 예를 보자.

- **엘리트 전력질주**: 모든 습관에서 3일 연속으로 엘리트 승리에 도전.
- **퍼펙트 위크**perfect week: 한 가지 습관에서 일주일 연속 엘리트 승리에 도전.
- **파워 플레이**power play: 모든 습관에서 15일 연속 플러스 승리 이상에 도전.

전력질주하기로 했다면, 그 도전이 탄력적 습관 시스템 안에서 이루어진다는 사실을 잊지 마라. 매일 미니 승리를 얻거나 그 이상의 목표들을 달성하는 시스템 말이다. 엘리트 승리를 놓쳤다고 해서 그날 하루를 통째로 날리면 안 된다. 그러면 추진력을 잃어버리고, 대부분의 습관 전략을 실패로 이끄는 '모 아니면 도'의 이분법적 사고에 빠질 위험이 있다. 미니 승리를 얻고, 다음날 다시 도전해라. 아니면 마음을 가다듬고 다음에 다시 도전해라.

탄력적 습관 전략으로 전력질주에 도전하는 것이 다른 도전들보다 나은 이유는 안전한 조건에서 자신의 역량을 시험하는 것이기 때문이다. 하루 이상 도전에 실패해도 그날 아무 때나 미니 승리를 얻으면 되기 때문에 그 무시무시한 '빼먹은 날'을 피할 수 있다. 이 도전은 이분법적 사고를 불러일으키지 않기 때문에 다르다. 오히려 당신은 당신이 실패하더라도 받아줄 안전망을 가지고 더 큰 성취를 향해 나아갈 것이다.

스노보드의 교훈: 최대한의 발전을 위해서는 안전이 최우선이다

나는 30대에야 난생처음 스노보드를 탔다. 나는 안간힘을 썼지만 내 뻣뻣한 골반 탓에 결국 스키로 갈아탔다. 스키가 스노보드보다 쉽다고들 했지만 나는 스키도 끔찍하게 못 탔다.

그때 나는 열 명 남짓한 친구들과 함께였다. 우리는 각자 스키를 타면서 이따금 비탈에서 나란히 내려가는 순간도 있었다. 하지만 초보자인 나에게는 심각한 문제가 있었다. 속도를 줄일 수가 없다는 것이었다. 무슨 짓을 해도 스키는 전속력으로 미끄러졌다. 내가 아무리 기를 써도 속도를 줄일 생각이 전혀 없는 사람들보다 속도가 빨랐다. 내 스키 끝에 강력한 자석이 붙어 있어서 언덕 아래 거대한 자석으로 빨려 들어가는 기분이었다.

속도를 줄이려는 내 섣부른 시도는 스키 플레이트가 눈 밑으로 파고들게 하는 대신 양쪽 다리만 가까워지는 불행을 초래했다. 동계 올림픽에서 프로 선수들은 속력을 높이고 싶을 때 양쪽 스키를 가까이 붙이고 나란히 한다. 그런데 어쩌다가 내 다리가 그런 모양이 되어버린 거였다.

형편없는 스키 실력에 최대 속력까지 더해지자 나는 눈을 뒤집어쓴 인간 총알이 되어버렸다. 일부러 넘어진 적도 한두 번이 아니었다. 목숨을 건지기 위해서 말이다. 심지어 숲의 나무들이 걱정이었다. 내가 날아가 박히면 저세상으로 보내버리는 건 일도 아니었기 때문이다.

경사면 맨 아래에는 사람들이 리프트를 타고 다시 산 위로 올라가기 위해 속도를 늦추고 오른쪽으로 비스듬히 도는 공간이 있었다. 그런데 거기서 그대로 직진하면 무조건 '속도를 늦춰주는' 자갈밭이 나왔다. 왠지 원래 속도 그대로 산을 내려가는 것보다 더 심각해 보였다.

친구가 나한테 리프트가 연결된 완만한 비탈로 이동해 스키를 타보라고 했다. 그는 내가 속도를 줄이지 못하는 이유를 알아내기 위해 동작을 살폈다. 그러더니 양쪽 허벅지에 똑같이 힘을 주고 양쪽 스키를 뒤집어놓은 V 또는 피자 조각 모양으로 만들라고 조언했다. 그래도 내 속도는 크게 줄지 않았다.

지금부터 하는 얘기는 100퍼센트 사실이다. 완만한 경사였음에도 시속 95킬로미터로 몇 번 더 내려왔을 때였다. 아이 하나가 스키로 너무 쉽게 눈 밑을 파고들며 속도를 줄이는 모습을 보고 나는 망연자실하게 외쳤다. "에잇, 여기서 속도 조절을 못 하는 사람이 정말 나 하나뿐인 거야?" 그러고는 바로 다음으로 비탈을 내려오는 남자를 가리키며 말했다. "저기, 저 남자를 보라고. 얼마나 아무렇지 않게 타는지." 우리는 그가 전혀 속도를 줄이지 않고 빠르게 내려오는 모습을 지켜봤다. 스키 한쪽이 그 끔찍한 자갈밭에 닿자마자 두 다리가 붕 떠올라 그의 머리 위로 넘어가며, 그가 고꾸라졌다. 내가 말했다. "좋아, 저건 나쁜 예였어."

다행히 남자는 무사했지만, 내가 본 가장 웃긴 장면을 연출했다. 특히 내가 사람들이 얼마나 속도를 쉽게 줄이는지 예를 들기 위해 무작위로 찍은 사람이어서 더 그랬다. 사실 나는 그 남자 덕분에 자갈밭에 고꾸라지기 직전 눈밭에 우아하게 구르는 요령을 배울 수 있었다.

그날은 친구가 내 영웅이었다. 그는 나 때문에 재미없는 초보자 구역에 45분이나 나와 같이 있어줬다. 그리고 마침내 돌파구를 찾았다! 스키 안쪽 모서리로 눈을 파고드는 요령을 터득해 실제로 속도를 늦췄던 것이다. 아직 완벽하진 않았지만, 어느 정도 진전이 있었다. 나는 친구의 격려를 받고 완만한 경사면에서 안전하다는 기분을 느끼고 나서야 생존 대신 스키에 집중할 수 있었다. 그제야 돌파구가 생겼다.

마찬가지로 탄력적 습관은 당신을 판단하지 않고 모든 진전에 고개 끄덕여주며 자신을 더 높이 쏘아 올리게 해주는, 초보자 친화적이고 환상적인 도약대다. 자갈밭으로 굴러떨어질 때까지 당신을 몰아붙이는 대신, 안전한 곳에서 당신의 모든 불완전한 시도를 응원하기 때문이다.

안전하고 든든한 시스템

안전하면서도 든든한 시스템은 흔치 않다. 우리는 언제나 자신을 한계까지 몰아붙이라는 요구를 받는다. 그냥 듣기에는 별 문제가 없는 듯하지만, 매일 실천하려고 하면 문제가 생긴다.

사람들은 괴물 같은 힘으로 위대해지는 게 아니라 훈련을 통해 위대해진다. 그것만이 유일한 방법이다. 여기에는 미묘한 차이가 있다. 극소수이기는 해도 그런 힘만으로 스스로를 단련할 수 있는 사람들이 있다. 하지만 우리 대부분은 그런 능력이 없다. 따라서 훈련 방법도 달라야 한다.

당신은 안전하고 든든한 시스템 안에서 자율권을 갖고 당신만의 조건에 맞춰 훈련할 수 있다. 처음에 내가 산 정상에서 어땠는지 생각해봐라. 거기서는 시속 500킬로미터로 미끄러지는 법을 배우거나 아무것도 배우지 못하거나 둘 중 하나였다. 그게 바로 내가 정신없이 넘어지며 쉴 새 없이 그만두고 싶었던 이유다. 그런 조건에서는 배워야 할 것들을 제대로 배울 수 없다.

하지만 리프트와 가까운 비탈은 너무 완만해서 마치 그네라도 타듯 친구가 뒤에서 밀어줘야 출발할 수 있었다. 처음에는 누군가의 도움을 받는다는 게 당황스러웠지만, 덕분에 (내 눈에는 선수 뺨치는) 스키 꿈나무들에 대한 두려움이나 숲속으로 날아갈 걱정 없이 내 기술과 실험에 집중할 수 있었다.

10장을 마무리하며

탄력적 습관의 틀은 무궁무진한 창조적 가능성을 열어젖힌다. 이 장에 소개한 전략들은 필수가 아닌 선택이다.

11장

탄력적 습관으로 매일 성공하는 법

"사람들이 그 말을 듣고 그 교리를 인정하더니, 곧장 반대로 실천했다."
"실천이 말보다 낫다."

— 벤저민 프랭클린

내 탄력적 운동 습관은 수평적 선택지가 네 개다. 팔굽혀펴기 또는 턱걸이, 헬스장 가기, 시간 기반 운동(종류는 상관없다), 근처 호수 돌기. 호수를 돌 때는 걷기, 달리기, 천천히 달리기, 인터벌 러닝(앞의 세 가지를 번갈아 하는 훈련)을 할 수 있다. 한 바퀴는 1킬로미터 정도고, 내 탄력적 습관의 미니 단계는 한 바퀴, 플러스는 세 바퀴, 엘리트는 여섯 바퀴다.

성실함의 저력: 빗속에서 달리기

언젠가 하루는 많이 뛸 기분은 아니었지만 세 바퀴를 돌고 플러스 승리를 달성할 수 있을 것 같았다. 그 정도면 괜찮았다. 지난번에는 인터벌 러닝을 했으니, 이번에는 세 바퀴(약 3킬로미터) 내내 달리기로 했다. 성공이었다. 하지만 내가 사는 곳은 플로리다였고, 그날 기온이 섭씨 32도를 웃돌았다. 나는 열을 식히기 위해 물병을 들고 천천히 걸었다. 네 바퀴를 돌자 평화로운 풍경이 눈에 들어왔고 게으름을 피울 뻔한 날에 땀을 흘린 것에 기분이 상쾌해졌다. 그 순간, 이 추진력을 이용하면 이렇게 축 처진 날에 오히려 제일 큰 승리를 달성할 수도 있겠다는 생각이 들었다. 그래서 두 바퀴를 더 걸어 여섯 바퀴를 채우기로 마음먹었다.

다섯 바퀴를 돌았을 때 빗방울이 후드득 떨어지기 시작했다. 폭우였다. 사람들이 뿔뿔이 흩어져 집으로 돌아갔지만 나에게는 아직 한 바퀴가 남아 있었다. 마지막 바퀴를 도는 동안 온몸이 흠뻑 젖었다. 나는 웃고 있었다. 그 폭우가 마치 내 삶의 역경을 상징하는 것 같았다. 그런데 그 폭우를 뚫고 앞으로 나아가고 있지 않은가! 내가 진정한 의미의 엘리트 승리를 달성했음을 깨달은 그 순간만큼은 무슨 챔피언이라도 된 기분이었다.

탄력적 습관을 들이기 전이었다면 폭우에 화가 났을 것이다. "멋지군. 좀 뛰어보려 했더니 비가 오네"라며 투덜거렸을 것이다. 하지만 탄력적 습관을 들인 나는 폭우가 훼방꾼으로 느껴지지 않았다. 오히려 내 앞을 가로막으려고 무모한 도전장을 내민 가련한 장애물 같았다. 나는 결승선을 통과하는 우승자처럼 큰 소리로 웃으며 허공을 향해 두 팔을 활짝 벌렸다(걱정 마라. 다들 집으로 돌아간 뒤라 빗속에서 펼쳐진 이 장관은 아무도 못 봤다).

폭우는 그 자체로 서사적인 면이 있어서 나는 마치 영화 주인공이라도 된 기분이었다. 사실 모든 이야기의 주인공은 언제나 극복해야 할 적을 만난다. 그리고 그들이 맞서는 데는 늘 이유가 있다. 주인공은 항상 무언가를 원하고(세계 평화, 생존, 성공, 사랑 등), 적대자는 늘 그들 앞을 가로막기 때문이다.

뚜렷한 목표는 주인공의 존재 이유다. 다섯 번째 바퀴를 넘어섰을 때, 마지막 여섯 번째 바퀴는 나에게 엘리트 승리를 안겨줄 결정적인 목표였다. 내가 원하는 게 바로 그거였다. "와, 운동 좀 하려는데 뙬 만 하니까 비가 오네"라는 식의 태도와는 정반대의 관점 말이다. 그 차이를 알겠는가? 구체적인 목표는 관점을 바꿔주는 강력한 힘이 된다.

탄력적 습관이 관점을 바꿔준 덕분에, 비는 사실상 내 경험을 더욱 값지게 만들었고 내가 이룬 성과를 더욱 자랑스럽게 만들었다. 이것이 매일의 단계별 목표가 경험하게 해주는 마법 같은 순간이다. 그리고 내 경험에 따르면 그런 순간은 자주 찾아온다. 날마다 내가 최소한 작은 승리를 얻을 거라는 사실은 알지만 언제, 어느 정도의 성공을 얻을지는 전혀 모르기 때문이다.

나는 작은 습관 전략이 가장 재미있다고 생각했었는데, 탄력적 습관 전략은 그보다 세 배는 더 재밌다. 탄력적 습관에서는 초과 달성을 구체적으로 수량화하고 칭찬해줄 수 있다. 또 목표를 미세하게 조정해서 구체적인 결과를 이끌어낼 수도 있다. 그건 심지어 폭우를 맞으면서도 정말 환상적인 기분이다.

빗속의 달리기는 매일 어떤 형태로든 운동을 하고 습관추적 일지를 채우려는 내 노력 덕분에 가능했다. 노력이라고는 해도 10초도 걸리지 않는 팔굽혀펴기 세 번이면 충분하다. 그리 어렵지도 않고 대단히 영웅적이지도 않다. 대신 똑똑하고 영리한 전략이 날마다 나를 승리를 선점할 수 있는 고지에 올려준다. 모든 코치가 하려는 일이 바로 이거다. 팀을 승리가 확실한 자리에 올려놓는 것. 철저한 준비와 전략을 갖추어 모든 승리의 기회를 잡는 팀이 이긴다. 우리도 마찬가지다.

탄력적 습관은 당신이 한 번도 경험해보지 못한 가장 유리한 위치에 당신을 올려놓을 것이다. 수평적·수직적 유연성 덕분에 당신은 완벽하게 자유로울 것이고, 더 높은 승리에 이끌릴 것이며, 절대 경기장을 떠나지 않게 해줄 꾸준함이라는 묘책을 갖게 될 것이다. 매일 빼먹지 않고 최소한 작은 목표라도 달성하는 한 절대 질 수 없는 확실한 승리, 그것도 크나큰 승리를 거머쥐게 될 것이다.

작은 승리의 날

작은 승리를 무시하거나 얕잡아보지 마라. 나는 매일 성취하는 이 작은 승리의 효과를 주제로 책을 세 권이나 썼지만, 여전히 작은 승리는 탄력적 습관을 위한 선택지들 사이에서 가장 낮은 자리에 있다. 자기보다 거대한 두 덩치의 그늘에 가려져서 당신의 관심을 끌거나 의욕을 불러일으키지 못하는 자리 말이다.

하지만 탄력적 습관의 미니 단계는 이 전략 전체를 성공하게 하는 숨은 공신이다. 당신이 엘리트 승리를 이어가는 것은 이전에 하루 또는 며칠 동안 작은 승리를 얻으며 적극적으로 '휴식'을 취한 덕분이다. 따라서 작은 승리를 부족하다고 여기고 얕잡아보는 순간 모든 게 와르르 무너진다.

완벽주의자들은 매번 A+를 받고 싶어 한다. 그들을 위해 말하건대, 탄력적 습관 시스템에서 A+는 엘리트 승리가 아니다. 당신이 얻는 첫 번째 점수는 A+ 아니면 F다. 이는 당신이 꾸준히 했는지(A+) 아닌지(F)에 따라 결정된다.

나는 모든 습관에서 적어도 한두 번은 미니 단계만 달성해보기를 권한다. 습관추적일지에 초록색 스티커를 세 개만 붙여보는 거다. 더 하고 싶다고? 그런 마음이 간절하다면 더 해도 좋지만, 어느 시점이 되면 재빨리 미니 승리를 달성하는 편이 합리적이고 좋다고 말할 날이 찾아올 것이다. 별다른 노력 없이 하루를 승리로 장식할 수 있다는 사실을 깨닫고 나면 탄력적 습관의 무한한 잠재력에 눈뜨게 될 것이다.

이건 아무리 강조해도 지나치지 않다. 이 시스템으로 실패하는 사람들은 하나같이 미니 단계의 가치를 얕잡아보고 습관추적일지에 빈칸을 남기는 사람들이기 때문이다. 그 빈칸이 더 많은 빈칸으로 이어지고 결국은 모조리 빈칸으로 남게 된다.

탄력적 습관의 힘은 무언가를 해보겠다는 의지를 꺾지 않고 작은 승리라도 얻을 수 있다는 점에 있다. 명심해라. 탄력적이라는 말은 회복력이 있다는 뜻이다. 미니 단계를 무시하면, 연승을 이어가기 위해 작은 승리가 필요해졌을 때, 습관을 만들려던 노력이 물거품이 되어버릴 것이다. 당신의 습관이 모든 방향으로 휘어졌다가 되돌아오게 해야 삶이라는 적이 날리는 강펀치를 맞고도 다시 쓰러지지 않을 수 있다.

야심만만한 목표와 그 장점에 대해서는 누구나 알고 그만큼 익숙하다. 하루 동안 전부 미니 단계만 달성해보면, 조금 느리고 비효율적이어도 장기적으로는 괜찮다는 사실을 깨달을 것이다.

최소한 하나 정도는 플러스 승리나 엘리트 승리를 얻어야 한다고, 아니면 매일 엘리트 승리를 달성해야 한다고 부담을 느낄지 모른다. 그러지 마라. 유연해져라. 당신의 습관을 어느 방향으로든 뻗어나가게 해주면 한 번도 가보지 못한 영역으로 당신을 데려다줄 것이다. 나를 믿어라. '작은 승리'를 인정하고 받아들이면 그 습관을 평생 이어갈 힘을 갖게 된다. 말 그대로, 계획이 흐지부지되고 당신이 자유를 되찾을 날(31일)을 정확히 알려주는 '30일 계획'과는 다르게, 이 계획은 수십 년간 성공적으로 유지될 수 있다. 당신의 모든 필요와 의욕에 따라 굽어지고 휘어지고 뻗어나가면서 당신과 함께 성장할 것이다!

휴가 대처법

휴가 때는 습관이 선택 사항이다. 휴가의 목적은 일상에서 벗어난 일들을 경험하는 것이다. 말하자면, 때로는 습관을 휴가 친화적으로 수정할 수도 있다는 뜻이다. 내 경우, 하루의 일부라도 휴가에 포함되면 그날은 쉴 수 있다. 휴가를 떠나는 날과 돌아오는 날이 여기에 해당된다.

휴가 기간을 위한 선택지(가장 엄격한 것부터 가장 느슨한 것까지)

- 휴가 때도 집에 있을 때와 똑같이 습관을 실천한다.
- 여행 중에도 실천할 수 있도록 탄력적 습관을 더 간단하고 쉽게 수정한다.
- 집에 머무는 시간이 있다면 탄력적 습관을 실천하지만, 그런 시간이 없다면 실천하지 않는다.
- 1년에 며칠 정도는 습관을 실천하지 않아도 되는 휴가를 준다.
- 휴가 또는 여행 중에는 탄력적 습관을 모두 면제한다. 나는 이런 날을 검은색 스티커로 표시한다.

휴가 때도 탄력적 습관은 계속할 수 있다(그게 나쁜 생각은 아니다). 어떻게 할지는 목표, 생활 방식, 습관에 달렸다. 어떤 선택이든 가능하다. 휴가는 점점 다가오는데 계획이 없으면 경로를 이탈하게 될 수도 있다. 그러니 미리 준비하자.

습관 미리 수행하기

여행이 예정되었다면 미리 습관 활동들을 해버릴 수 있다. 휴가 중에 집을 청소하지 못하는 대신 여행을 떠나기 전에 좀 더 깨끗하게 치워놓는 것이다. 오늘 목표치를 달성한 다음 집을 비우는 하루 또는 며칠치의 청소를 추가로 더 한다. 1~2주 휴가 기간만큼 미리 청소를 해둘 수도 있다(청소는 깔끔한 집이 목표고, 휴가 동안 청소해놓은 집이 엉망이 되지는 않기 때문에 효과적이다).

책 읽기나 글쓰기 같은 습관 역시 여행 전에 실행해둘 수 있다. 보통 습관을 신경학적 패턴으로 자리 잡게 하려면 매일 빠짐없이 실행해야 하는 것으로 알려져 있다. 하지만 탄력적 습관은 쉽고 유연하기 때문에 휴가 중에 그 습관을 꾸준히 실행하지 않았더라도 크게 걱정할 필요가 없다. 휴가가 끝나면 아무렇지 않게 다시 시작할 수 있기 때문이다.

하지만 여기서 또 다른 문제는 점수를 매기는 것이다. 나는 언젠가 그달이 끝나갈 때쯤 나흘 동안 여행을 했다. 그 나흘을 빈칸으로 남겨도 상관은 없지만 나는 그러고 싶지 않았다. 그래서 여행을 며칠 앞두고, 추가로 작은 목표들을 달성해 휴가 기간의 점수를 미리 채웠다. 이런 식으로 휴가가 포함된 15일 주기와 그달의 점수를 유지해, 만족감을 느끼는 동시에 휴가 동안 아무것도 하지 않는 것에 대한 걱정도 덜었다.

일별 신호를 쓰는 몇 가지 방법

탄력적 습관에 일별 신호를 쓰는 경우 몇 가지 접근법을 활용할 수 있다. 여러 가지를 조합하고 싶다면 참고하기 바란다.

후딱 해치우기: 탄력적 습관 활동들을 전부 미니 단계로 후딱 해치우면 걱정과 부담을 덜 수 있다. 여기서 함정은 '후딱 해치운' 걸로 끝내고 싶은 안일한 마음이다. 나는 그날 하루가 눈코 뜰 새 없이 바빠서 탄력적 습관을 언제 실천할지 생각할 겨를도 없는 경우에만 이 방법을 쓴다. 일찌감치 습관 활동을 끝내놓고 나중에 시간과 에너지가 남으면 추가로 목표를 달성할 수도 있다.

언제 어디서나 또는 집에서만: 일과 중에 습관을 실행할 기회를 찾아라. 휴대전화가 있으면 어디서든 책을 읽을 수 있다. 팔굽혀펴기도 어디서든 할 수 있다. 명상도 마찬가지다. 특별한 장비가 필요해 집에서만 할 수 있는 습관도 있지만, 여행 중에 할 수 있는 습관도 얼마든지 많다! 어떤 습관이 어디서든 할 수 있고, 어떤 습관이 맥락이 필요한지 알아두는 게 좋다.

한 번에 하나씩: 어떤 사람들은 순서대로 일하는 걸 좋아한다. 내가 그렇다. 나는 목표를 이룰 때까지 한 가지 습관에 집중하는 게 좋다. 그래서인지 한 가지 습관을 일정 수준까지 끝내야 다음

습관에 집중할 수 있다. 나는 글쓰기와 운동을 먼저하고 책은 밤에 읽는 편이다.

계획 세우기: 유연한 일별 신호를 사용한다 해도 그날 습관을 실행할 시간을 정해놓을 수 있다.

조합하기: 나는 탄력적 습관을 실행할 때 이런 전략들을 조합해서 사용한다. 당신도 해보기 바란다.

그날의 활동 강도 정하기

당신은 어떤 강도로든 습관을 실천할 수 있다. 만약 어느 정도가 좋을지 감이 오지 않는다면 다음 방법을 시도해봐라.

우선, 다음 세 영역에서 자신의 점수를 평가한다.

- 에너지 1~10점
- 시간적 여유 1~10점
- 그 습관 활동을 하고자 하는 욕구 1~10점

세 가지 점수를 모두 더한다. 20점 이상이면 엘리트, 14점 이상이면 플러스, 14점보다 낮으면 미니 단계를 실천한다.

주사위에 맡기기

가끔은 주사위에 운명을 맡기는 것도 좋다. 굴리기 전에 그 결과를 어떤 습관에 적용할지 분명하게 정해라. 아니면 세 번을 굴리고 그 결과를 각각의 습관에 배정할 수도 있다.

1 또는 2: 미니

3 또는 4: 플러스

5 또는 6: 엘리트

주사위가 내놓은 결과를 인정하고 따라라. 아래와 같이 1이나 6이 나오면 보너스를 주는 식으로 재미를 더할 수도 있다.

1: 미니 + 보상 (음식, 영화, 밤 외출 등)

2: 미니

3: 플러스

4: 플러스

5: 엘리트

6: 엘리트 + 보상 (음식, 영화, 밤 외출 등)

무작위로 나온 결과를 일별 습관에 끌어들이려면 무작위 보상을 추가하는 게 좋다. 앞에서 보았듯이, 결과의 다양성은 도박처럼 그다지 건강하지 않은 습관에 물드는 데 중요한 역할을 한다. 하지만 이것이 유리하게 이용될 수도 있다.

본래 좋은 습관을 유지하는 것은 처음이 가장 힘들다. 그래서 애초에 그 습관을 어떻게 인식하느냐가 대단히 중요하다. 두 시간 넘게 농구를 하면 내 몸은 그 어느 때보다 많은 일을 한다. 그런데도 난 농구가 하고 싶어 계속 몸이 근질근질하다. 그걸 고생스러운 일이 아니라 재밌는 경기로 인식하기 때문이다. 탄력적 습관 전략은 습관 형성 과정을 처음부터 재미있게 만드는데, 이런 요소들까지 더해지면 그 재미를 한층 끌어올릴 수 있다.

예외를 역이용하라

비바람이 몰아치는 캄캄한 밤에 디저트를 떠올린 남자가 있었다. 그가 밖을 보며 말했다. "오늘 밤은 뭔가 신비롭고 특별한 거 같아. 그러니까 밖에 나가서 땅콩버터 치즈케이크를 사 와야겠어." 충격적인가? 아니면 언제든 치즈케이크를 먹을 이유를 생각해내는 평범한 우리 이야기 같은가?

우리는 늘 예외를 둔다. 문제는 그 예외가 이상적인 것과 거리가 멀 때가 많다는 것이다.

- **딱 100달러만 가지고 도박을 하겠어.**
- **오늘은 2월 8일이니까 과일 대신 아이스크림을 먹어야지.**

- (예외의 예외) 아, 맛있어. 한 숟갈만 더 먹을까?
- 오늘 밤에는 운동을 거르고 내일 진짜 제대로 해야지.
- 친구들이랑 있으니 딱 한 잔만 더 해야겠어.
- 아침을 매일 도넛으로 먹으면 건강에 해롭겠지만 하루쯤은 괜찮아.

예외가 진짜 예외라면 거의 해롭지 않다. 당신이 도넛을 먹었다고 비난하려는 게 아니다. 하지만 예외는 우리의 심리적 방어선을 쉽게 피해가기 때문에 잠재의식이 무언가를 원할 때마다 되풀이되기 쉽다. 이것이 문제를 일으킨다.

예외가 너무 자주 반복돼서 굳어지면 문제가 된다. 저녁을 먹은 지 30분도 안 됐는데 디저트 먹을 이유가 마구 떠오른다면 그 디저트는 더 이상 예외가 아니다. 밥을 먹고 나면 디저트를 먹는다는, 예외의 탈을 쓴 규칙이다.

난생처음 담배를 피우면서 앞으로 오래오래 흡연자로 살겠다고 결심하는 사람이 있는가? 보통은 '한 번도 피워본 적이 없으니까 한번 피워봐야지'라는 첫 번째 예외가 중독적인 규칙으로 진화하는 것이다.

누구나 예외의 힘을 경험하고, 그 힘은 대개 부정적인 영향을 끼칠 때가 많지만, 예외의 역이용은 우리가 긍정적인 선택을 하도록 도와줄 멋진 수단이다! '역이용'이라는 말을 붙인 이유는 예외를 사용하는 전형적인 방식을 거꾸로 이용하기 때문이다.

예외를 역이용하는 몇 가지 예를 살펴보자.

- 피곤할 땐 보통 아무것도 안 하지만, 그냥 이번 한 번만 스쾃을 좀 해볼까? 됐어. 이제 제자리 뛰기 30초만 해야지. 이거 쉬운데!
- 저 케이크가 맛있어 보이기는 하지만, 그냥 이번 한 번만 맛있는 과일을 먹을래. 케이크는 언제라도 먹을 수 있잖아.
- 저 TV가 나를 부르는데다 보고 싶은 마음도 굴뚝같지만, 그냥 이번 한 번만 후딱 설거지 먼저 해야겠어. 1분이면 끝날 거야.
- 당장 저 녀석의 머리를 날려버리고 싶지만, 그냥 이번 한 번만 살려주고 대신 심호흡이나 몇 번 해야지.

위의 예마다 사용된 '그냥'이라는 단어를 눈치챘는가? '그냥'이라는 말에는 강력한 힘이 있다. 이 말은 굉장히 무심하고 위협적이지 않은 뉘앙스를 풍긴다. 영업사원들이 '그냥'이라는 말을 그렇게 자주 사용하는 것도 그래서다. "딱 오늘만 그냥 단돈 999.99달러에 드립니다!"

예외를 역으로 이용할 때는 "그냥 이번 한 번만" 같은 혼잣말을 해봐라. '그냥 이번 한 번만' 건강에 좋은 걸 해보자는 주장은 직관에 어긋나지만, 우리는 예외가 규칙으로 바뀌는 모습을 수없이 봐왔다. 당신이 유익한 예외를 만들면, 그 예외들이 인생을 바꿔놓을 규칙들로 변할 것이다.

우리는 늘 예외를 두기 때문에 예외는 우리 삶에 몹시 중요하다. 우리는 여러 선택지 사이에서 망설일 때가 많은데, 그럴 때 예외가 티핑포인트tipping point(어떤 현상이 서서히 진행되다가 사소한 계기를 통해 한순간 폭발하는 현상-옮긴이) 역할을 한다. 건강에 도움이 되는 예외를 만들어 습관으로 들이면 그 습관이 삶에 미치는 긍정적인 영향에 깜짝 놀랄 것이다. 예외는 나쁜 습관을 질질 끌게도 하지만 우리가 더 나은 방향으로 선회하게도 한다.

거부감 극복하기

습관 활동을 실행하는 것에 거부감이 든다면 재빨리 다음 과정을 따라라. 언제든 효과가 있을 것이다.

1 … 하고 싶은 활동 '하나'를 정해라.

무언가를 실행할 때 거부감이 드는 것은 실행 가능할 정도로 초점을 좁히지 않았기 때문이다. 우리는 한 번에 여러 일을 할 수 없다. 그래서 심지어 꼭 해야 한다고 생각하는 일이 있어도 머릿속에 다른 선택지들이 맴돌면 해야 할 일을 하지 않는다.

어떤 일을 실행하려면 무엇보다 고민하는 과정을 없애야 한다. 우리는 결정을 할 때 신중하게 생각해본 다음(선택지들을 따져본 다음) 행동에 옮긴다. 하지만 생각 없이 행동에 나설 수 있는 일은 선택지들의 경중을 따지지 말고 그냥 해야 한다.

스스로에게 물어라. "아직도 선택지들을 두고 고민 중인가, 아니면 마음을 정했나?" 이 질문에 자신이 하고 싶은 활동을 확실히 대답할 수 없다면 아직 성공과는 거리가 먼 것이다. 당신에게 이로운 행동이라면, 그걸 해라. 완벽한 타이밍에 완벽한 방법으로 완벽한 행동을 하겠다는 생각은 행동의 적이다. 그리고 행동은 발전과 성공의 토대다.

2 … 선택한 활동이 단순한 기계적 동작처럼 몸에 밸 때까지 줄이고 또 줄여라.

언제나 정답은 앞으로 나아가는 것이다. 앞으로 나아가는 가장 쉬운 방법은 생각이 아니라 행동에 집중하는 것이다. 당신이 습관으로 들일 행동으로 걷기를 선택했는데 거부감이 든다고 해보자. 이 거부감은 걷기의 전 과정에 대해 당신이 느끼는 부담감에서 나온 것이다. 걷기로 충분한 효과를 보려면 많이 걸어야 한다는 선입견이 있을 수도 있고, 지금껏 충분히 걷지 않았다는 사실에 맥이 풀릴 수도 있다. 아니면 그냥 피곤할지도 모른다.

당신이 느끼는 거부감이 어디서 비롯됐는지 정확히 몰라도, 해결책은 그 행동을 아주 작게 줄이는 것이다. 이렇게 하면 초점이 걷기라는 활동에 내포된 무거운 개념들에서 걷기를 실행하는 단순한 역학으로 옮겨간다. 왼발을 오른발 앞에 오게 하고 다시 오른발을 왼발 앞으로 옮기는 동작 말이다. 고작 걷기를 설명하면서 왜 이렇게 잘난 체하느냐고? 이건 우리가 평생 해온, 쉽다는 생각조차 들지 않는 행동의 역학에 대해 생각해보기 위한 것이다. 우리가 뭔가에 거부감을 느낀다면, '쉽다는 생각조차 들지 않게' 줄이는 것이 앞으로 나아가는 방법이다.

인간의 정신적 능력은 대단하다. 그리고 무언가를 실행하려는 순간 거부감이 드는 것은 그런 대단한 능력의 역효과다. 우리는 모든 걸 (지나치게) 분석할 수 있고, 자기 심리를 파헤칠 수 있으며, 걷기, 글쓰기, 통화, 청소, 역기 들기 같은 활동의 단순함을 잊을 수도 있다. 지나치게 생각하는 것이 문제가 아니라면, 늘 하던 대로 하는 것도 괜찮다는 자기합리화가 문제일 것이다. 해결책이 뭐냐고? 정신적인 싸움에서 지고 있다면, 싸움을 멈추고 단순화시켜라. 역학은 언제나 통하니까 역학에 집중하라.

3 … 일단 시작하면 판세가 바뀐다.

시작이 제일 어렵다. 하지만 일단 시작하면 완전히 새로운 선택의 장이 열린다. 작은 목표를 세울 수도 있고, 자신의 한계를 시험해볼 수도 있다. 아니면 자신과 흥정할 수도 있다. 사람들이 어떤 행동을 하기 전에 사용하려고 하는 동기부여의 수단과 방법은 모두 행동을 하는 도중에 더욱 효과적이다. 왜 그럴까?

행동하고 있다는 것은 숙고의 단계를 끝냈다는 의미다. 아무리 작은 발걸음도 일단 내디디면 계속 앞으로 나아갈 가능성이 훨씬 커진다. 나는 이따금 단순히 끝까지 봐야 한다는 느낌 때문에 내가 정말 싫어하는 TV쇼, 광고, 유튜브, 영화를 그냥 보곤 한다. 누구나 재밌지도 않은 영화를 끝까지 본 경험이 있을 것이다.

하기 싫은 일을 계속한다는 것이 우스꽝스럽게 들릴지 몰라도 전혀 틀린 말은 아니다. 하던 행동을 계속하는 것은 거의 언제나 거부감을 최소화하는 방법이기 때문이다. 이를 이용하여 우리에게 유익하지만 거부감이 드는 일을 해낼 수 있다. 특정 활동 뒤에 숨겨진 간단한 역학만 파악하면, 그것을 시작으로 새로운 방향으로 나아가게 될 것이다.

거부감 극복

1. 어떤 행동에 대한 거부감이 드는 것은 세 가지 때문이다. 우선 명확성이 문제다. 지금 당신이 이루고 싶은 한 가지 목표를 명확하게 정했나?
2. 그다음은 복잡성이 문제다. 그 행동을 기계적으로 시작할 수 있을 만큼 명확하게 정의하고 실행하기 쉽게 단순화했나?
3. 마지막은 연속성이 문제다. 첫발을 내디디면 그때부터 당신은 움직이게 된다. 일단 움직이기 시작하면 당신의 노력이 성과를 내기 시작한다. 중간에 막히면 여기 소개된 과정을 반복한다. 그렇게 연습할수록 더 잘하게 될 것이다.

자신과의 약속을 지키는 비결

약속은 중요하다. 하지만 항상 약속을 지키게 되지는 않는다. 결혼을 통해 타인에게 자기 삶을 바치기로 약속한 사람들 가운데 절반가량이 이혼한다. 결혼이라는 약속의 중요성이나 무게에 비해 초라한 성공률을 생각해보면, 목표에 대한 약속을 지키지 못하는 비율이 이혼율보다 높은 것도 그리 놀랄 일은 아니다.

물건을 보내는 사람이나 배달하는 사람이 약속한 시간보다 늦은 적이 적어도 한 번쯤은 있었을 것이다. 바로 그런 상황이 약속은 결승선이 아닌 출발선이라는 점을 상기시켜준다. 누군가의 약속을 받았을 때 가장 먼저 떠오르는 생각은 '아, 됐어. 이제 끝났군'이 아니다. 오히려 본능적으로 그 사람(또는 기업)의 약속을 믿을 만한지 따져보게 된다. 신뢰는 약속의 근간이다.

자기 신뢰

몇 년 동안 목표 달성에 실패해왔다면 어떻게 자기 자신을 믿을 수 있을까? 자신을 포함해 누군가로부터 잃었던 신뢰를 되찾으려면 어떻게 해야 할지 생각해봐라. 신뢰를 되찾으려면 정말로 변했다는 증거가 필요하다.

스스로에 대한 신뢰에 한번 금이 갔다면, 그걸 극복하기 위한 성공 경험이 필요하다. 특히 기억 속에 새겨진 (숱한) 실패를 덮어쓰려면 성공 패턴을 무수히 반복해야 한다. 한 번의 성공으로는 어림도 없다.

여기가 힘든 부분이다. 약속을 지속하려면 자기 신뢰가 필요하지만 진정한 자기 신뢰는 약속을 지켜야만 얻을 수 있다. 습관 전략에서 작은 목표가 이상적인 기준으로 남아 있는 것도 그래서다. 작은 행동은 지키기가 쉬워서 자기 신뢰를 쌓도록 도와주는 한편, 쌓아놓은 신뢰를 잃지 않게 해준다.

신뢰는 약속을 깨면 잃는다. 약속을 지키면 얻는다. 약속의 크기는 상관없다. 신뢰를 증폭시키는 가장 확실한 방법은 큰 약속을 하는 것이 아니라 약속을 꾸준히 지키는 것이다.

이는 새로운 이야기가 아니라 고대부터 내려오는 지혜다. 〈누가복음〉 16장 10절의 첫 부분에 이런 말이 나온다. "지극히 작은 일에 충실한 사람은 큰일에도 충실하며……."

약속은 언제나 위험과 보상의 문제다. 약속을 못 지키면 신뢰를 잃는다(위험). 지키면 신뢰를 얻는다(보상). 하지만 한번 깨진 약속이 신뢰에 입히는 타격은 약속을 지켜서 되찾는 자기 신뢰보다 크기 때문에 둘은 1대 1로 대응하지 않는다. 인간관계를 봐도 쉽게 알 수 있다. 배신은 단 한 번으로도 수십 년간 쌓아온 신뢰 관계를 망칠 수 있다. 이는 작고 쉬운 약속이 더 나은 선택지라는 사실을 자연스럽게 보여주는 증거다. 그리고 이게 바로 작은 습관을 탄생시킨 사고방식이다. 하지만 큰 약속을 지키면 더 큰 성취감과 자기 신뢰를 쌓을 수 있다. 따라서 지킬 수만 있다면 큰 약속을 하는 편이 더 현명하다.

탄력적 습관을 따른다면 당신이 매일 꾸준히 자기 신뢰를 키워갈 거라는 점은 보증한다. 당신은 미니부터 엘리트까지 다양한 승리를 얻으며 연승을 이어갈 것이고, 그와 함께 자신에 대한 신뢰도 쑥쑥 자라날 것이다.

탄력적 습관의 세 단계

일반적으로 탄력적 습관을 시작하면 세 단계를 거치게 된다. 여기서 제시한 기간은 사람마다 천차만별이기 때문에 이를 법칙처럼 생각하지는 않기 바란다. 탄력적 습관은 다음과 같이 진행되는 것이 이상적이다.

1단계: 기본 다지기(1~2개월)

습관을 들일 때는 꾸준함을 첫 번째 목표로 삼아야 한다. 매일 얼마간을 성취하는 성실함을 보여야 한다. 미니 단계가 사실상 성실함을 보장해준다. 반면 플러스와 엘리트 단계는 재미있고 구체적인 단기 상승효과를 낸다.

작은 목표가 꾸준함을 유지하는 데는 더없이 좋지만 그다지 흥미롭지는 않은 반면, 큰 목표는 흥미를 잃지 않고 습관을 유지하는 데 결정적인 도움을 준다. 작은 습관만 실천했을 때와 달리 탄력적 습관을 실천할 때는 몇 달이 지나도록 흥미가 이어졌다. 이런 게 바로 다양하고 탄력적인 목표의 역할이다.

처음에는 미니부터 엘리트까지 다양한 결과를 얻을 것이다. 각 단계를 몇 번이나 달성하는지는 매일 꾸준히 하는 것만큼 중요하지 않다. 우선 꾸준히 해라. 필요한 경우가 아니면 습관 활동을 바꾸지 마라. 목표의 크기를 키우지도 마라. 꾸준히 할 수 있음을 증명하고 나면 2단계에서 성과를 얻기 시작할 것이다.

2단계: 안정과 개선(2~6개월)

2단계로 접어들면 자신의 행동 패턴을 알아차리기 시작할 것이다. 일요일이 화요일보다 습관을 실천하기에 나쁘다든가, 미니 승리를 얻은 후에 엘리트 승리에 대한 열망이 생긴다든가, 어떤 습관이 다른 습관들에 비해 너무 약하거나 강하다든가 하는 점들을 깨달을 수도 있다.

두 달 정도 지나면 매일 꾸준히 할 수 있다는 사실이 증명된다. 신경 연결 통로가 바뀌고 자기 신뢰의 기반이 다져졌기 때문에 습관 형성이 안정적인 궤도에 올랐을 것이다. 이 시점이 되면 목표를 좀 더 적당하다고 생각하는 수준까지 전략적으로 올릴 수 있다. 목표를 생활 방식에 맞게 조절하거나 특정 활동을 장려하는 방향으로 전략을 수정해라.

이 단계에는 그동안 가다듬은 전략으로 성실함에 대한 걱정은 사라지고 잘할 수 있다는 자신감을 얻을 것이다. 얼마 만에 이 단계에 도달하겠다는 시간제한은 두지 마라. 그냥 이 단계에 도달했다는 사실에 감사해라. 그게 훨씬 재밌다!

3단계: 숙달(6~12개월 이상)

어떤 활동을 6개월에서 1년 정도 꾸준하게 지속하면 숙달의 변곡점에 이른다. 아직 완전히 숙달하지 못했을지라도 그 직전에는 다다랐을 것이다. 이제는 원하거나 필요할 경우, 하나 이상의 습관에 숙달하는 것을 목표로 삼을 수 있다. 여기에는 미니,

플러스, 엘리트 목표를 좀 더 어렵게 정하거나 현재 목표 활동에서 엘리트 승리를 더 많이 얻기 위한 노력이 포함될 수 있다.

많은 사람이 이 단계에 도달하려고 애쓰지만 쉽지는 않다. 너무 서두르지 마라. 이 단계에 도달하면 저절로 알게 된다.

이 단계에 이르렀다면 엘리트 승리를 주기적으로 (습관에 따라 50~75퍼센트) 달성해야 한다. 목표 달성에 필요한 조건을 더욱 엄격하게 정해서 (전문성을 목표로 한다면 수평적 선택지의 개수를 줄인다) 자기 자신을 좀 더 치열하게 몰아붙일 수 있다. 하지만 몇 가지 주의할 점이 있다.

숙달 단계에 가까워질수록 미니 목표는 그대로 유지해야 한다. 미니 목표가 계속 안전망 역할을 해야 하기 때문이다. 어떤 행동에 숙달되기 시작하면 미니 목표를 높이고 싶은 유혹을 느끼겠지만 절대 그러지 마라. 아무리 그 행동에 숙달되었다 해도 미니 목표는 당신을 더욱 몰아붙이기 위한 것이 아니다. 그건 엘리트나 플러스 목표의 역할이다.

독서 습관의 미니 단계를 하루에 두 쪽 읽기로 시작했다고 해보자. 몇 달 뒤에 당신이 하루 평균 60쪽을 읽고 일주일에 책 두 권을 끝내는 수준에 도달했다면 틀림없이 끝장을 보고 싶어질 것이다. 이런 경우 미니 목표를 다섯 쪽으로 올릴 수는 있지만 30쪽으로 올리는 것은 안 된다. 그 정도는 예상치 못한 일이 생겼을 때 하루를 성과 없이 끝내게 할 수도 있다. 미니 단계는 안전망이자 불씨다. 그걸 힘겨운 도전으로 바꾸지 마라.

나는 체력 단련 습관에서 큰 승리를 꾸준히 이어가며 숙달 단계에 이르러서야 미니 목표치를 올렸다. 2013년 처음 이 습관을 시작할 당시 하루 목표량은 팔굽혀펴기 한 번이었다. 아마 두 번이었다면 실패했을 것이다. 탄력적 습관으로 운동을 시작했을 때 미니 목표는 팔굽혀펴기 세 개 또는 턱걸이 세 개였다. 위에 썼듯이, 지금도 내 미니 목표는 아무리 힘든 날에도 너끈히 해낼 수 있는 팔굽혀펴기 또는 턱걸이 10회다.

이것이 미니 단계를 올릴 수 있는 유일한 이유다. 이제는 팔굽혀펴기와 턱걸이가 너무 쉬워져서 지금의 10회가 2013년의 1회와 마찬가지다. 이 숫자가 1이나 3이 아니라 10이어서 하루라도 목표를 달성하지 못하는 날이 생기면 난 미니 목표를 줄일 것이다. 기본적인 숙련도가 향상되었을 때만 미니 목표를 올리되, 자신을 너무 몰아붙이지는 마라.

탄력적 습관의 본질

탄력적 습관의 핵심은 유연성이다. 내가 이 전략의 기본 구조와 전략 수정 방법을 알려주긴 했지만, 그렇다고 당신이 이 전략을 더욱 혁신할 수 없는 것은 아니다. 당신은 휴가 중에 탄력적 습관을 어떻게 이어갈지 생각해낼 수도 있고, 더없이 효과적인 습관 신호를 개발할 수도 있다.

가능성이 무궁무진한 만큼 이 시스템의 본질과 목적이 실패를 막는 것이라는 점을 알 수 있다. 여기서 실패란 습관을 쉬거나 심지어 빼먹은 것을 의미하지 않는다. 그런 건 만회할 방법이 있다! 내가 말하는 실패란 지속적인 기간 동안 목표와 습관을 포기하는 장기적인 실패를 의미한다. 그런 실패는 사람들을 제자리에 꼼짝없이 묶어둔다.

새로운 단계로 도약하든 기어가든, 조금씩이라도 매일 전진하는 사람들이 삶을 바꾼다. 이 시스템은 당신이 그런 사람이 되도록 도울 것이다.

11장을 마무리하며

올바른 관점이 올바른 전략을 만나면 위대한 일들이 벌어진다. 이 장은 탄력적 습관에 접근하는 올바른 방식을 보여준다.

12장

결론

"꼿꼿한 나무가 쉽게 부러지는 반면, 대나무나 버드나무는 바람을 따라 휘어지며 살아남는다."

— 브루스 리

지금까지 당신의 삶에 따라 자연스럽게 변형되는 탄력적 습관의 원리와 그것을 실현하는 방법을 자세히 배웠다. 이제 그 내용을 총정리할 시간이다.

우리는 이제껏 우리의 역동적인 삶에 어울리지 않는, 외부의 엄격한 기준에 스스로 노예가 되어 끌려다닐 때가 많았다. 그래서 늘 긴장하고 좌절하며 모든 걸 한없이 뒤로 미루다 결국 자유를 되찾으려고 그만둬버렸다.

하루하루를 올바른 방식으로 공략하려면 스스로에게 자유와 유연성을 더 많이 줘야 한다. 그렇게 하면 어떤 행동이든 습관으로 만들 안정된 토대를 닦을 수 있다.

우리는 유연성을 습관 셋, 그 습관에 적용할 활동 셋(수평적 선택지), 각 활동의 강도에 따른 단계 셋(수직적 선택지)으로 한계를 정해 결정 피로와 선택 장애 문제를 해결한다. 동시에 삶의 전쟁터를 고려하지 못하는 전략을 무작정 따르기보다, 스스로 자기 삶의 지휘관이 될 자유를 준다. 우리에게는 선택할 수 있는 무기가 넘쳐나고 승리의 조건도 아홉 배로 늘어났기 때문에 전보다 훨씬 자주 승리할 것이다. 마침내 어떤 조건에서든 승리할 수 있는 도구들을 갖췄기 때문이다.

다양한 선택지와 승리 조건은 장·단기적으로 목표에 관한 관심을 잃지 않게 해준다. 매일이 새로운 최고 기록을 세울 기회고, 원하거나 필요할 때는 적극적으로 쉴 수 있는 기회다. 작은 승리밖에 못 했다고 좌절하는 일은 결코 없고 대신 꾸준함에 대한 보상만 기다릴 것이다. 게다가 더 큰 보상과 만족감을 얻을 수 있는 플러스와 엘리트라는 선택지도 있다.

시간이 어느 정도 지나 진전이 있으면 목표를 조정할 수 있다. 자기가 정한 구체적인 목표에 따라 목표치를 그대로 유지할 수도 있고, 15일 단위로 조금씩 천천히 높일 수도 있다. 아니면 현 단계에 숙달한 다음 목표를 높이거나, 그 중간쯤에서 새로운 시도를 할 수도 있다. 어떻게 하든 당신에게 달렸다!

당신이 해야 할 가장 중요한 일은 매일 그날 달성한 습관을 추적하고 이를 표시할 방법을 정하는 것이다. 나는 전용 습관추적일지에 색깔별 스티커를 사용할 것을 추천한다. 아니면 (아침에 미니 승리를 달성하고, 나중에 플러스 승리를 달성한 경우처럼) 승리의 단계별로 진화하는 방식의 상징을 사용할 수도 있다. '1, 2, 3……' 같은 표시 방식을 사용할 경우 자칫 미니 단계를 얕잡아 볼 가능성이 있기 때문에 피해야 한다. 할 수 있거나 하고 싶은 유일한 목표가 '미니'인 날에는 그게 가장 큰 승리다. 때로는 작은 승리가 사실상 최고의 승리이기 때문에 작은 승리에 열등하다는 의미를 덧씌우는 건 좋지 않다. 단계별 승리는 당신의 삶과 습관 형성에 나름의 역할이 있다. 모든 단계를 활용해보면, 그 모두를 사랑하고 감사하는 법을 배우게 될 것이다.

점수 평가는 습관추적일지에 재미를 더하는 (하지만 선택적인) 요소다. 점수를 평가하면 15일이나 한 달 주기로 당신이 각각의 습관을 얼마나 잘 해냈는지 알 수 있다. 점수를 비교해서 진전이 있는지, 현재 상태를 유지 중인지, 아니면 아예 뒷걸음질 치고 있는지 확인할 수 있다.

미니, 플러스, 엘리트 승리에는 각각 1, 2, 3점이 주어진다. 습관추적에 '1, 2, 3'을 쓰는 것을 경계한다고 했지만 한 주기가 끝난 뒤에 성과를 분석하기 위해 점수를 쓰는 것은 괜찮다. 또 습관추적에는 꾸준함, 연이은 큰 목표 달성, 습관별 또는 기간별 엘리트 승리 횟수에 따라 다양한 보너스도 있다.

유지·관리가 쉬운 탄력적 습관에 이 모든 특징을 접목함으로써 당신은 오랫동안 다양한 단계에서 꾸준히 승리할 것이다.

당신이 추가로 궁금해할 만한 것들

질문 1: 수평적 선택지가 여러 개라면 오늘 어떤 활동이 가장 좋은지 어떻게 선택해야 할까?

대개 그날 일정을 보면 최상의 선택이 뭔지 알 수 있다. 여러 선택지 중 그날 유독 끌리는 활동을 선택하면 된다. 하지만 습관마다 선호하는 활동 한두 개를 정해놓는 것도 좋은 방법이다. 당신의 습관 포스터에서 좋아하는 순서를 대강 정해봐라.

내가 선호하는 운동 선택지는 헬스장에서 하는 역기 운동과 농구다. 쉬는 날 혹은 유난히 바쁜 날에는 걷기/달리기/팔굽혀펴기/턱걸이를 한다. 역기 운동과 농구는 신체 단련이라는 내 목표에 가장 잘 맞아떨어진다. 다른 활동들은 강도가 조금 부족해서 플러스 선택지로 사용한다.

나는 플러스 단계 선택지에 다양한 활동을 포함시켰다. 예를 들어, 농구를 하다가 '무릎 부상'을 당하면 점프는 고통스러워도 걷기나 달리기까지는 할 수 있다. 또 어깨가 말썽일 때는 무거운 무게를 들기가 힘들어서 좀 더 쉬운 팔굽혀펴기나 턱걸이를 한다. 또 탄력적 습관에는 유연성이 있다는 사실도 잊으면 안 된다. 그래서 건강 상태가 완벽해도 휴일에는 헬스장에 가지 않아도 된다. 나에게는 헬스장을 뻔질나게 드나들 자유도 있지만 이렇게 쉴 자유도 있기 때문이다.

쉬운 목표를 달성할 자유가 있으니 충분히 노력하지 않게 될까 봐 걱정될 수 있다. 하지만 습관을 추적하면, 자신이 언제 게을러지는지를 좀 더 마음 편히 받아들일 수 있다. 다른 시스템에서는 게을러지면 수치심을 느끼게 되지만, 이 시스템에서는 부담없이 스스로 제자리를 찾을 수 있다.

이 시스템에 적응하기까지는 약간의 시간이 필요하다. 우리 대다수는 타인이 정해놓은, 내 상황과는 맞지 않는 일을 하도록 강요받는 것에 익숙하다. 그런 요구는 우리가 충분히 그 일을 해낼 능력이 있을 때조차 억지로 하는 기분이 들게 한다. 그와 달리 자기 자신의 힘을 자유롭게 행사할 수 있는 조건에서 어떤 일을 하는 것은 완전히 새로운 차원의 경험이다. 그동안 외적인 압력에 너무 익숙해져서 처음에는 특별한 느낌이 없을지 모른다. 하지만 주어진 자유를 활용하는 법을 터득하고 나면 숨어 있던 당신의 잠재력이 모습을 드러내고, 뛰어넘을 수 있는 한계가 점점 높아질 것이다.

이 접근법의 최고 장점은 절대적인 지속 가능성이다. 당신이 완벽하게 자유롭다면 중간에 그만둘 위험이 전혀 없다. 우리는 삶의 구속으로부터 자유를 되찾기 위해 무언가를 그만둔다. 이것이 우리가 강요를 받으면 어떤 일을 잘할 수 있지만, 완벽한 자유와 선택권이 있으면 그 이상으로 위대한 일을 할 수 있는 이유다.

질문 2: 거른 날은 어떻게 해야 할까?

이 시스템의 창시자이자 가장 열렬한 팬인 나도 독서를 한 번

잊었다. 말했듯이 작은 습관을 하루 거르는 것은 문제가 아니다. 하지만 이틀 연속 거르는 것은 심각한 문제다.

연구 결과 습관 형성 과정에서 하루를 걸러도 부정적인 영향은 전혀 없었다. 하지만 이틀을 연달아서 거르면 잘못된 방향으로 새로운 경향성이 만들어진다. 가능하다면 이틀 연속 빼먹지 마라. 나는 어떤 날이든 한 가지 습관도 빼먹지 않으려고 애쓴다. 매일 달성한 승리로부터 얻는 추진력이 그만큼 강력하고 가치 있기 때문이다.

습관을 하루 빼먹었다는 것은 단순히 잊은 것일 수도 있지만 무언가 잘못됐다는 경고 신호일 수도 있다. 이럴 때는 미니 목표부터 점검해야 한다. 미니 목표가 충분히 작은가? 그날 작은 승리를 달성하지 못한 이유를 스스로에게 물어라. 미니 목표가 너무 커서 문제라면 절대 실패할 수 없는 수준으로 줄여라. 단순히 잊은 거라면 그만큼 '보충하고' 계속 앞으로 나아가라.

습관추적일지에 포함된 점수 카드에는 '패치'가 있어서 언제 빼먹었는지 가릴 수 있다. 독서를 깜박한 날에 패치를 쓰면 빼먹은 날이 없어지는 효과가 생긴다. 이런 정직한 실수에 대해 심리적인 회복 수단을 마련하는 것이 중요하다. 완벽한 사람은 없다. 이 시스템은 우리가 실수해도 이를 극복하고 발전하게 해준다. 빼먹은 날을 가리면 빈 공간을 보면서 찜찜한 기분을 느낄 필요도 없다(패치에 관해서는 부록에서 자세히 다룬다).

질문 3: 탄력적 습관을 여덟 개 들이면 왜 안 될까?

탄력적 습관이 수직, 수평으로 늘어나는 것은 당신에게 자율권과 힘을 주기 위해서다. 탄력적 습관은 한 번에 8,000가지 일을 하기 위한 것이 아니다. 뒤에서 여러 가지 활동을 한 번에 하고 싶어 하는 사람들을 위한 대안적인 시스템에 대해 이야기할 것이다. 하지만 그건 습관 형성법이 아니라 한 번에 여러 가지 활동을 하는 재밌는 방법이다.

정말로 습관을 들이고 싶다면, 목표를 셋 이상 정하지 마라. 그것도 한 번에 한 가지 목표만을 두는 다른 습관 전략들에 비해 세 배나 많은 거다. 그리고 내 경험상, 목표가 셋일 때까지는 모든 영역에서 한 번에 큰 진전을 볼 수 있다. 세 가지 분야에서 일어나는 혁신은 삶을 극적으로 발전시키기에 충분하고도 남는다!

질문 4: 습관추적일지에 표시는 언제 해야 할까?

습관을 끝냈음을 표시할 네 번의 기회가 있다.

1. 완료 직후
2. 습관을 모두 끝냈을 때(그리고 한 번에 표시할 수 있을 때)
3. 잠들기 전
4. 다음 날 일어나자마자

나는 보통 하루 중에 끝낸 습관 한두 개를 표시하고, 자기 전에 전부 확인한다. 전날 끝낸 습관을 표시하려고 다음 날 아침까지 기다리는 사람은 별로 없겠지만, 나는 자주 그렇게 했다. 괜찮았다. 내 포스터는 침실 문 바로 밖에 있어서 부엌으로 가는 길에 표시할 수 있다.

활동을 끝내기 전에 표시하는 경우는 딱 하나다. 책을 읽고 나서 바로 잠을 자려는 경우 말이다. 이때는 미니 승리(녹색)를 표시하는 스티커를 빈칸에 미리 붙인다. 미니 단계보다 더 많이 읽어서 플러스 목표를 달성했다면, 다음 날 아침에 스티커를 새로 붙일 수 있다. 하지만 일반적으로는 표시하고 바로 실행할 생각이 아니라면 절대 먼저 표시하지 마라.

매일 아침 눈뜨면 당신의 탄력적 습관들을 봐라. 아침에 전부 정할 필요는 없지만, 오늘은 뭘 할지, 각 활동을 어느 단계로 할지 대충 생각해두어라. 매일 이렇게 하면 전날 습관을 빠짐없이 표시했는지 확인할 수 있다.

어떤 습관을 목표로 삼을지 고민이라면

하고 싶은 행동이 많지만 당장은 무엇을 습관으로 만들지 모르겠다면, 목표를 확정하기 전에 '탄력적 행동'으로 우선 시험해보기를 추천한다.

탄력적 행동은 탄력적 습관과 구조(수평적·수직적 유연성)는 똑같다. 차이는 습관 형성이 목적이 아니고 굳이 지켜야 할 약속도 아니라는 점이다. 탄력적 습관은 어떤 활동을 습관으로 만들기 위해 매일 지켜야 하는 약속이다. 하지만 탄력적 행동은 매일 지킬 필요가 없다. 언제든, 원할 때, 원하는 강도로 하면 된다. 어떤 행동은 거를 수도 있고 심지어 며칠을 건너뛸 수도 있다.

탄력적 행동의 긍정적인 측면은 완벽한 자유가 있고 선택지가 훨씬 많다는 점이다. 부정적인 측면은 이것을 습관으로 들일 수 없다는 점이다(이건 큰 문제다!). 하지만 모든 행동이 습관으로 만들기에 적합한 건 아니다. 예를 들어, 정원 손질은 매일 할 필요가 없다.

탄력적 행동의 목적은 중요한 활동에 대한 의식을 높이고, 그 활동을 실행한 당신에게 보상을 주는 것이다. 여기서도 탄력적 습관 추적일지에 쓰이는 점수 평가 시스템을 활용하면 더 많은 행동을, 더 높은 수준으로, 더 자주 할 수 있다. 당신이 얼마나 높은 점수를 올릴 수 있는지 한번 도전해봐라!

당장 하고 싶은 활동이 여섯 개이고 탄력적 습관에서 제안하는 셋으로 도저히 줄이지 못하겠다면, 우선 탄력적 행동 전략으로 시작해봐라. 탄력적 습관 추적일지에는 선택지를 써넣을 수 있는 공간이 여섯 개다. 우선은 평생 습관으로 만들고 싶은 활동이 뭔지 세 가지로 좁힌 후에 탄력적 습관 전략으로 옮겨가라.

습관이 형성될수록 동기도 높아진다

습관 포스터와 추적일지를 수없이 수정한 끝에 마침내 완벽한 결과물을 얻었다. 연초에는 그 이전 해부터 글로 써놓은 탄력적 습관에 대한 아이디어를 시험하려고 일부러 슬럼프에 빠졌었다. 하지만 추적일지에 기록한 미묘한 차이가 동기부여와 성과에 엄청난 영향을 미친다는 걸 깨닫고 추적일지를 다시 수정했다. 2019년 5월 9일, 심리적으로도 완벽하고 눈으로도 볼 수 있는 도구들을 가지고 내 탄력적 습관을 추적하기 시작했다. 그 뒤에는 하루도 거르지 않았다.

네 번째 수정한 버전을 최종판으로 정했다. 습관추적일지는 내 기대보다 훨씬 더 효과적이었다. 나는 자유로웠고 의욕이 넘쳤다. 매일 승리하는 게 너무 신났고, 큰 승리를 거머쥔 날도 한두 번이 아니었다. 그러던 2019년 8월 10일, 나에게 무언가 특별한 일이 일어났다. 그날은 100퍼센트 엘리트 승리를 거둔 날이었다. 세 가지 습관 모두 엘리트 승리를 달성했다. 완벽한 하루였다!

그날은 아침 일찍부터 헬스장에서 운동을 열심히 했다. 엘리트 승리. 그 뒤에 글쓰기와 편집으로 다섯 시간을 보냈다. 엘리트 승리. 그러고 나서 데이비드 고긴스David Goggins(미군의 정예군인 네이비실 출신으로 자신의 한계와 역경을 이겨내고 울트라 마라토너로 수년간 활약하는 등 자기계발 분야에서 귀감이 되었다-옮긴이)

의 책을 50쪽 읽었다. 이날의 세 번째이자 마지막 엘리트 승리였다. 나는 추적일지를 집어 들고 8월 10일 아래쪽 세 칸에 금색 스티커를 하나씩 붙였다.

승리를 기념하며 킹콩처럼 주먹으로 가슴을 쿵쿵 쳤다. 그 순간 무언가 깨달았다. 공교롭게도 이날은 최종 완성된 추적일지로 습관을 추적한 지 4개월째 되는 첫날이었다. 흥분이 가시지 않았다. 이건 획기적이었다! 어떤 목표나 습관 시스템으로도 이런 일은 일어날 수 없었다. 동기부여란 어떤 일을 수개월 한 뒤에 정점을 찍는 게 아니다. 다들 알다시피, 처음에 정점을 찍었다가 서서히 의욕이 사라지며 흐지부지되는 게 순서였다. 하지만 내 전략은 달랐다.

습관을 형성하는 과정에 가변성을 더하면, 어떤 행동이 의식적인 선택에서 무의식적 패턴으로 전환되기 시작할 때 겪는 동기부여의 슬럼프를 어느 정도 완화할 수 있다. 나는 우리가 무의식적인 행동 패턴을 확립하는(매일 실천하기) 동시에 그 패턴 안에서 다양한 선택(수직적·수평적 유연성)을 할 수 있게 되면 의식적인 선택까지 가능해진다고 믿는다. 이건 도박과 비슷하다. 도박은, 행동은 일관되지만 그 안에 엄청난 가변성이 존재한다. 매번 같은 방식에 같은 결과를 내놓는 기존의 습관 전략들과 극명한 대조를 이루는 부분이다.

탄력적 습관 시스템은 역동성과 다양성이 있어서 2주가 지나도 (평생 그렇지만) 의욕이 꺾이지 않는다. 물론, 의욕은 원래 생활 환경에 따라 오르락내리락하는 것이지만, 이제는 늘 한결같이 좀 더 높은 수준에서 출렁인다. 어쩌다 의욕이 떨어질 때는 미니 승리를 달성해 습관 형성의 끈은 놓지 않으면서 신경 경로가 활동을 멈추지 않을 정도를 유지한다.

킹콩처럼 가슴을 두드리던 나는 이 전략이 얼마나 특별한지 깨달았다. 탄력적 습관을 들이는 하루하루는 다른 목표나 습관 전략으로 시작한 흥미롭고 희망찬 첫날의 무한 반복이었다. 마침내 끊임없이 변하는 삶에 어울리는 역동적인 전략을 갖게 된 것이다.

세로로 나열된 세 단계 성공 기준으로 성과를 쉽게 측정하고 추적할 수 있는 덕분에, 이날이 얼마나 뜻깊은 날인지 정확히 알 수 있었다. 탄력적 습관을 시작한 이래로, 이날이 내 최고의 날이다. 게다가 내 습관추적일지에는 몇 달간 이어진 금색 엘리트 스티커 세 개가 나란히 붙어 있었다. 스티커는 색종이에 불과하지만 내가 해냈다는 증거이기도 했다. 내 초대박 승리는 이 상징적인 작은 원들 안에서 불멸의 존재가 되었다. 심지어 엘리트 승리 세 개에는 ('완벽한 하루'라는 이름에 걸맞은) 보너스 점수도 있다. 앞으로도 이런 날들이 틀림없이 있을 것이고, 어쩌면 내 점수에 더 많은 '완벽한 하루' 점수를 보탤 것이다.

당신 앞에 펼쳐진 흥미진진한 가능성의 바다

영국 시인 새뮤얼 존슨Samuel Johnson이 말했다. "습관이라는 족쇄는 너무 약해서, 도저히 끊어지지 않을 만큼 강해질 때까지 느끼지도 못한다." 그러므로 위대한 사람이 되고 싶다면 반드시 실천해야 한다. 그것도 한 번이 아니라 수없이 반복해서. 시간을 두고 꾸준히 노력해서 새로운 습관을 들이면 그 족쇄는 절대 끊어지지 않을 것이다.

나는 당신이 이 전략을 통해 항상 흥미롭고, 일관되며, 자유로운 상태로 더 나은 삶의 방식을 탐험할 수 있을 거라고 확신한다. 《습관의 재발견》에서는 작은 발걸음으로 꾸준히 앞으로 나아가면 삶이 어떻게 바뀔지 이야기했다. 《탄력적 습관》에서는 습관을 원하는 대로 혹은 필요한 만큼 늘였다 줄였다 할 수 있는 더 똑똑한 전략을 세웠다. 작은 습관의 모든 장점에다 더 큰 목표들이 주는 흥분을 더한 것이다. 그 결과 삶을 바꿔놓을 가장 부드러우면서도 가장 만족스러운 방법이 탄생했다.

작가가 들을 수 있는 최고의 칭찬은 "당신 책, 읽었어요"라는 단순한 말이다. 그리하여, 시간을 들여 《탄력적 습관》을 읽어준 당신에게 진심으로 감사한다. 이 전략이 내 삶을 발전시킨 만큼 당신의 삶도 크게 변화시키기를 희망한다.

당신의 습관에 탄력성을 더해라. 그러면 결코 과거의 엄격하고 쉽게 부러지는 목표들로 돌아가는 일은 없을 것이다.

항상 응원한다.

스티븐 기즈

PS. 내가 탄력적 습관을 위해 개발한 '탄력적 습관 도구'에 관심이 있다면 이어지는 설명서를 읽어보기 바란다. 사용법을 읽고 디자인을 보면 이 전략이 어떤 의도에서 어떻게 작동하도록 설계된 것인지 이해할 것이다.

탄력적 습관 실천 키트*
사용설명서

탄력적 습관 실천 키트
다운로드

* 저자는 탄력적 습관을 위한 실천 키트를 개발해 '작은 습관' 홈페이지minihabits.com에서 유료로 판매하고 있습니다. 그러나 한국에서는 이 키트를 직접 구매하기가 어려운 관계로, 키트를 구매하지 않고도 자신의 상황에 맞게 적용할 수 있도록 저자의 허락 하에 부록 내용을 일부 수정했습니다. QR코드를 통해 이 키트를 다운받아 출력하여 자유롭게 사용하시기 바랍니다.

-편집자

"성공의 8할은 일단 출석하는 것이다."

– 우디 앨런 Woody Allen

지금 소개하는 키트를 개발하느라 1만 달러 넘게 비용이 들었다. 이 키트 대신 달력 등을 활용하고 싶은 사람들에게 유용한 팁도 제공할 것이다. 단, 탄력적 습관 전략에 맞추어 제작된 키트를 활용하지 않고 기존의 달력을 활용한다면 관리에 신경 쓸 부분이 더 많다는 점을 일러둔다.

이 키트는 탄력적 습관 전략을 구체화한 것이다. 탄력적 습관이 가진 놀라운 유연성과 흥미진진한 가능성을 확인했다면, 습관을 계속 이어나갈 수 있도록 이를 기록하고 관리하는 전용 추적 시스템이 필요하다. 이 키트의 도움을 받는다면 하루 20초만 투자해 탄력적 습관을 당신의 평생 습관으로 만들 수 있다.

어떤 습관을 들이려면 꾸준히 실행하는 것이 중요하다. 이때

키트 1

탄력적 습관 달력

해당일의 보너스 점수 기입

_____ 월

날짜 / 습관																횟수			보너스
	1	2	3	4	5	6	7	8	9	10	11	12	13	14	15	미니	플러스	엘리트	추가 점수가 있습니까?
한 주간의 특이사항 기록																미니 총점	플러스 총점	엘리트 총점	보너스 점수 총점

날짜 / 습관																횟수			보너스
	16	17	18	19	20	21	22	23	24	25	26	27	28	29	30	미니	플러스	엘리트	추가 점수가 있습니까?
																미니 총점	플러스 총점	엘리트 총점	보너스 점수 총점

테마	그달의 주제를 적는 테마 박스	31	31일 활용란

메모	이야기, 전략, 아이디어, 계획 등을 적는 메모란

도움이 되는 것이 바로 습관추적이다. 하지만 자신과 맞지 않는 습관추적 시스템을 사용하거나 아예 습관추적을 하지 않는다면 그 습관이 당신의 것이 될 가능성은 제로에 가깝다. 습관추적은 당신에게 주어진 책임이자 당신을 향한 응원이며 당신을 움직이게 하는 강력한 추진력이다.

탄력적 습관 전용 달력을 사용하면 1년 내내 세 가지 습관을 한 번에 추적할 수 있다. 이 달력으로 습관을 추적하는 데는 몇 가지 장점이 있다.

1 … 성공의 단계가 셋으로 구분돼 있고, 습관 형성에 필수적인 다양성이 반영되었다. 이 습관추적 달력에는 매일 똑같은 V나 X 표시가 아니라 단계별로 구분된 스티커 또는 상징으로 표시한다. 예컨대 미니 단계는 초록색 스티커, 플러스 단계는 은색 스티커, 엘리트 단계는 금색 스티커를 사용하는 식이다. 그렇게 되면 두 달이 똑같이 반복되는 일은 결코 없을 것이다. 색깔별 스티커나 상징으로 습관을 추적하는 방법에 대해서는 이 책의 9장에 정리된 습관 형성법 중 6단계 내용을 다시 한 번 참고하기 바란다.

2 … 한 주기가 15일로 끝난다. 내가 처음 만든 습관추적일지는 커다란 종이 한 장에 1년 365일이 다 들어 있는 것이었다. 인쇄된 종이를 받아들고서야 잘못되었음을 깨달았다. 보기만

해도 부담스러워서 한숨이 절로 나왔다. 원래는 끝없이 이어지는 연승을 한눈에 확인해서 뿌듯함을 느끼게 하겠다는 의도였지만 365개의 빈칸을 채워야 한다는 스트레스만 더했다. 휑한 달력에 성공한 하루는 무의미하고 초라해 보였다.
몇 번의 실험 끝에 15일 주기가 이상적이라는 결론을 내렸다. 끝냈을 때 만족감을 느낄 만큼 길고, 할 수 있다는 마음이 들 만큼 짧았다. 날마다 의미 있는 걸음을 내딛는 것 같았다.
15일 주기가 끝나면 성과를 점수로 평가한다. 그리고 그다음 15일 주기가 끝나면, 두 점수를 합산해서 한 달 점수를 낸다. 그렇게 매달 추적하면 달별로 비교해볼 수도 있다.

3 … 득점 시스템이 있다. 지금까지는 당신이 목표로 하는 습관을 실천했나 안 했나만을 기록해왔을 것이다. 하지만 탄력적 습관의 경우에는 승리의 단계가 셋이나 되기 때문에 단순히 실천했나 안 했나만으로 평가하기 힘들다. 이 세 단계의 승리를 점수로 평가하면 매일, 매주, 매달 자기가 목표로 삼은 습관을 얼마나 잘 실천하고 있는지 정확히 판단할 수 있다. 점수를 어떻게 매기는지 간단하게 살펴보자.

점수표

점수표는 열두 달의 점수를 모아 비교해보고, 한 해 동안 얼마나 잘 실천했는지를 확인할 수 있는 도구다. 점수표를 보면 습관별로 매달 또는 연간 진행 상황을 비교해볼 수 있다. 즉 전반적인 흐름을 보고 어느 정도 성공했는지 파악할 수 있다. 점수표를 작성하는 방식은 다음과 같다. 먼저 습관별로 각 단계의 성공 횟수를 센다. 그런 다음 단계별 성공의 가치(미니=1점, 플러스=2점, 엘리트=3점)에 따라 총점을 계산한다. 내가 보기에 1, 2, 3점을 부여하는 것이 수학적으로 최고의 선택이었다. 엘리트 단계의 점수(3점)는 미니 단계의 점수(1점)보다 세 배 높지만 3점이 1점보다 월등히 높은 것은 아니어서 완벽한 균형을 이룬다.

여기서 끝이 아니다! 재미를 더하고 의욕도 높여주는 보너스 점수도 있다.

보너스 점수

보너스 점수는 기대 이상의 성과를 올리도록 격려하고 그 결과에 대해 보상해준다. 특히 '습관의 달인Habit Master'이 가장 높은 보너스 점수를 받는다. 이 점수를 따려면 15일 동안 모든 습관을 하루도 빠뜨리지 않고 완료해야 한다. '습관의 달인'이라고 이름 붙인 이유는 어떤 행동을 하루도 빼먹지 않고 꾸준히 하면 정말 그 행동이 몸에 배어 습관이 되고 그 일에 통달하게 되기 때문이

_____ 년

점수표						
습관 / 월				보너스 점수	총점	메모
	미니+(플러스×2)+(엘리트×3)	미니+(플러스×2)+(엘리트×3)	미니+(플러스×2)+(엘리트×3)			
1						
2						
3						
4						
5						
6						
7						
8						
9						
10						
11						
12						

다. 이렇게 보너스 점수를 주는 목적은 탄력적 습관 시스템의 취지에 따라 아무리 힘들거나 바빠도 거르지 않고 미니 목표를 달성하고, 가능하면 그 이상의 승리를 얻도록 격려하는 것이다. 어떤 경우에 보너스 점수가 주어지는지 소개한다.

특별한 성취 보너스

- **성취 두 배(1점):** 하루에 한 가지 습관에서 엘리트 단계를 두 번 달성했을 때
- **완벽한 하루(2점):** 모든 습관에서 엘리트 단계를 달성했을 때
- **상승세(3점):** 한 가지 습관에서 엘리트 단계를 3회 이상 연속 달성했을 때
- **믿기지 않는 승리(5점):** 한 가지 습관에서 엘리트 단계를 7회 이상 연속 달성

했을 때

15일 주기 보너스

- **스페셜리스트(3점)**: 15일 동안 한 가지 습관에서 엘리트 단계를 10회 이상 달성했을 때
- **거물(3점)**: 15일 동안 엘리트 단계를 총 15회 이상 달성했을 때
- **거대한 습관(10점)**: 15일 동안 엘리트 단계를 총 23회 이상 달성했을 때
- **습관의 달인(20점)**: 15일 동안 하루도 빼먹지 않고 습관을 실천했을 때(패치 사용 가능)

특히 '습관의 달인'을 항상 목표로 삼기를 바란다. 이는 꾸준함에 정확히 초점을 맞춘 점수이기 때문이다. 조금씩이라도 매일 노력하면 좋은 결과를 얻을 수 있다. 내가 장담한다. 간신히 미니 단계만 달성하고 있는 듯해도 꾸준히 실천을 이어가기만 하면 머지않아 더 커다란 승리를 얻을 기회가 온다.

단 몇 분만 들여서 점수를 매기다 보면, 습관 형성 과정에 크나큰 재미가 더해지며 삶이 바뀌게 된다. 하지만 점수표는 단순히 즐거움만을 위한 것이 아니다. 표준화된 점수 평가는 어떤 습관을 얼마나 잘했는지, 15일 동안의 성과가 어떤지, 한 달 성과는 어떤지 정확하게 수치화해준다. 점수를 확인하고 나면 진전 상황을 분석하고 목표를 조정해서 이전 성과를 뛰어넘어야 한다. 메모할 공간이 많기 때문에 당신이 얻은 점수를 삶의 다른 조

건이나 전략에 연결지어볼 수 있다.

성과 평가

매일의 실천에 점수를 매기기로 했다면, 가장 먼저 살필 것은 언제나 꾸준함이다. 습관을 매일 실천했는가? 그날의 성과를 하루도 빠짐없이 스티커 등으로 표시했는가? 그렇다면 성공이다. 당신은 많이 자랑스러워해도 된다. 습관을 들이는 동안 그리고 더 높은 단계에 올라설 때도 이 점을 기억해야 한다. 이 전략이 성공하려면 꾸준함이 필요하다. 꾸준하지 않으면 실패다. 습관을 거르는 날이 일상이 되면 재정비가 필요하다.

31일은 특별한 날이다

1년에 일곱 번 있는 31일은 탄력적 습관 시스템에서 아주 특별하다. 탄력적 습관의 목표는 자유와 자율성 그리고 유연성이다. 이를 위해 31일은 덤으로 친다. 월별로 정확한 비교가 가능하도록 30일(15일 주기 2회) 단위로 표준화되어 있기 때문에, 1년에 일곱 번 있는 31일은 다양한 방법으로 재미있게 활용할 수 있다. 그달에 31일이 있으면, 당신 마음대로 쓰면 된다. 하루를 통째로 쉴 수도 있지만 구미가 당기는 다른 선택지들도 있다. 그중 몇 가지를 소개한다.

31일 활용법

2월 보충하기: 2월은 가난해서 28일까지밖에 없다. 점수는 15일, 30일 단위로 계산하기 때문에 30일이나 31일까지 있는 다른 달에 비해 좋은 점수를 얻을 기회가 적다. 이 가난한 2월에 점수를 보태줘서 1등 달로 만들고 싶다면, 31일에 얻은 점수의 일부 또는 전부를 2월로 몰아주면 된다! 즉 3월 31일을 시작으로 그해 31일에 받은 점수를 전부 2월로 넘기면, 2월은 총점에 7일치 점수를 보탤 수 있다. 그렇게 35일로 늘어난 행운의 2월은 제일 약한 달에서 제일 강한 달로 거듭난다!

빼먹은 날 보충하기: 17일에 희한한 일이 벌어졌다. 습관 한두 개를 빼먹은 것이다. 당신은 행운아다! 다행히 그달은 12월이기 때문이다. 31일이 있는 12월! 31일을 써먹으면 17일에 남긴 오점을 마치 처음부터 없었던 것처럼 감쪽같이 없앨 수 있다. 31일로 그달에 놓친 습관이나 빠뜨린 날을 벌충할 수 있다.

평소대로 습관 이어가기: 31일을 온전히 쉴지 말지는 전적으로 당신에게 달렸다. 당신이 지금까지의 성취에 만족하지 않고 자신을 밀어붙이는 멋진 사람이라면 연승을 이어가도 된다. 31일에 얻은 점수는 2월로 몰아주는 것 외에는 점수로 인정되지 않는다. 따라서 31일에 들이는 노력은 점수를 위한 것이 아니라 당신 자신을 위한 것이다. 31일에 얻은 점수를 인정받지 못한다

해도 괜찮다. 탄력적 습관 시스템에서는 31일을 건너뛴다고 해도 그동안의 연승이 무효가 되지 않는다!

쉬는 날: 30일 동안 꾸준히 해낸 당신, 쉬어라. 그럴 자격이 있다. 원한다면, 31일 하루는 쉬어도 된다. 하루 정도 거르는 것은 습관 형성에 크게 영향을 미치지 않는다. 하지만 이틀 연속 거르거나, 하루씩이라도 거르는 날이 잦다면 그건 나쁜 방향으로 새로운 경향성이 시작된 것이다. 이런 경우만 아니라면, 하루쯤 건너뛰는 것은 성공적으로 마친 수많은 날들 가운데 사소한 일탈에 불과하다.

나는 석 달간 매일 습관을 실천하고 마지막 달 31일에는 쉬었다. 그런데 이상했다. 오히려 아무것도 하지 않는 게 나 자신과의 싸움처럼 느껴졌다. 7개월 뒤에는 '31일'을 쉬는 날로 쓰려고 했다가 깜박 잊고 원래 하던 대로 습관을 실천했다. 이런 게 바로 습관의 힘이다! 하루 쉬어보면 습관이 얼마나 튼튼하게 자리 잡고 있는지 확인할 수 있다. 습관 활동을 하고 싶어 좀이 쑤시거나, 심지어 무심코 그 활동을 하고 있는 자신을 발견한다면 성공이다! 실제로 뇌가 바뀌고 습관이 형성된 것이다!

습관 하나 또는 하루를 걸렀다! 이제 어쩌지?

하루를 통째로 빼먹거나 한 가지 습관을 실천하지 못했어도 탄력적 습관 전략에서는 만회할 기회가 있다. 살다 보면 미니 단계도 실천하지 못할 정도로 바쁜 날이 있다. 연이어 달성하는 것이 결정적으로 중요하지만 어쩌다 한 번 빠뜨리는 거라면 해가 되지 않는다. 빠뜨리는 게 패턴이 되지 않게만 하면 된다.

조금 전에 보았듯이, 습관을 실천하지 못한 날은 그달에 있는 31일로 보충해주면 된다. 30일까지밖에 없는 달은 어떡하느냐고? 그런 날을 위해서는 '패치'라는 것을 고안했다. 패치는 어쩌다 저지른 실수를 부추기기 위해서가 아니라 실수를 실수로 남겨두고 다시 궤도로 돌아가게 하기 위한 것이다.

패치 사용법

패치를 활용하고 싶다면 습관추적일지에서 보너스 점수를 적는 칸에 '패치'라고 쓰면 된다. 15일 주기 동안 한 번만 쓸 수 있으니 신중하게 사용해라! 패치를 쓰면 어제 빼먹은 습관을 오늘 마칠 수 있다. 습관 하나를 빼먹었는데 패치를 쓰지 않았다면 다

9일	10일	11일	12일	13일
플러스	빼먹음	미니	엘리트	플러스

음과 같이 된다.

매일 목표를 달성하다가 10일 차에 구멍이 생겼다! 이럴 때는 패치로 구멍을 '메울' 수 있다. 단, 패치는 그날 마쳐야 할 목표를 달성해야만 사용할 수 있다.

피아노 연습을 예로 들어보자. 당신은 미니 목표로 1분 연습, 플러스로 15분 연습, 엘리트로 35분 연습하기를 정해놓았다.

11일 차에 피아노 연습을 1분 한다. 체크! 그날의 피아노 연습 목표량은 끝냈다. 그런데 그때 문득 생각이 난다. "아차, 어제 베토벤 〈월광소나타〉를 연습해야 했는데 깜박했네!" 11일 목표량은 이미 채웠기 때문에 10일 차에 패치를 사용할 수 있다. 추가로 15분(플러스)을 더 연습해서 10일 차를 메워준다. 이제 당신의 추적일지는 이렇게 바뀐다.

9일	10일	11일	12일	13일
플러스	플러스 (패치 사용)	미니 (오늘 15분을 추가로 연습해서 10일 차를 플러스 승리로 바꿈)	엘리트	플러스

패치를 사용해서 10일 차에 생긴 구멍을 메웠다.

앞서 살펴봤던 보너스 항목에서 점수가 가장 높은 것은 '습관의 달인(20점)'이다. 이 점수를 받으려면 15일 동안 한 번도 빼먹는 날이 없어야 한다. 꾸준한 실천보다 중요한 것은 없기 때문에 이 점수에는 깊은 의미가 있다. 습관 하나를 빼먹었어도 패치로 메웠다면, '습관의 달인'을 받을 자격이 유지된다. '꾸준함'에 이렇게 높은 점수로 보상하는 이유는 '꾸준함'이야말로 엘리트 단계를 가장 많이 달성할 수 있는 밑거름이기 때문이다!

테마 박스 사용법, 점수 매기는 법 등 탄력적 습관 달력에 대해 더 자세한 내용이 궁금하다면 사용법을 담은 다음 사이트를 방문하기 바란다.

- minihabits.com/tutorials

키트 2

탄력적 습관 포스터

[포스터]

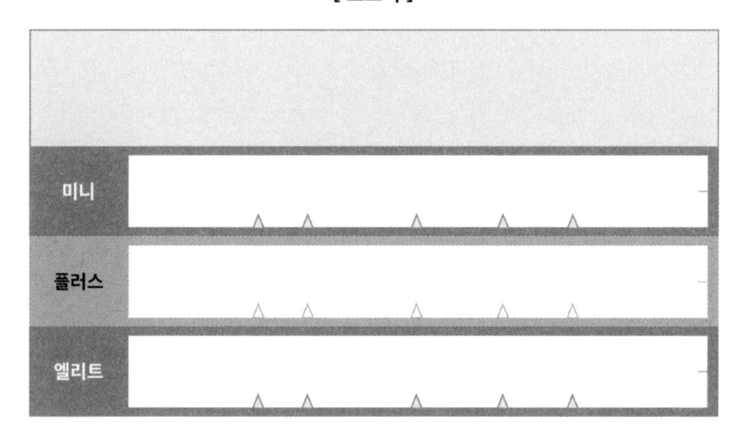

포스터는 당신의 탄력적 습관을 전시하기에 가장 좋은 방법이다. 포스터 하나에 한 가지 습관을 넣고 여덟 가지 수평적 선택지를 일목요연하게 담아내어, 완벽한 유연성을 제공한다.

포스터 상부

포스터의 맨 위에는 어떤 습관을 형성하고 싶은지 자세히 적을 수 있도록 빈 공간을 넣었다. 습관을 문장으로 표현할 수 있을 만큼 충분한 공간이다. 당신의 마음을 움직일 만큼 호소력 있는 문장으로 습관을 표현해보라. 나는 꾸준한 실천을 위해 아래와 같은 문장을 사용한다. 나한테 무엇보다 중요한 습관들을 매일 하루도 빠짐없이 실천하는 나 자신이 무척 자랑스럽다.

나는 매일 운동한다!

- **정체성 선언:** "나는 _____이다!" (달리는 사람, 작가, 음악가 등)
- **꾸준함 선언:** "나는 매일 _____ 한다!" (운동, 기타 연습, 명상 등)
- **습관 활동 묘사:** "_____" (읽기, 달리기, 글쓰기 등)

정체성 선언은 자기 자신에게 (그리고 그 포스터를 보는 누군가에게) 당신이 어떤 사람인지(예를 들면, 달리는 사람)를 공식적으로 밝히는 강력한 선언이다. 꾸준함 선언은 매일 (달리기를) 어느 정도로 하겠다는 약속이자 선언이다. 원한다면, 그냥 실천하고 싶은 행동(예를 들어, 달리기, 독서, 건강한 식사)을 적어도 된다.

아래와 같이 그림을 그려도 되고 인용문을 적어도 된다. 뭐든 취향에 따르면 된다.

마음챙김
"평화는 내면으로부터 오는 것이니 밖에서 찾지 말라." -부처

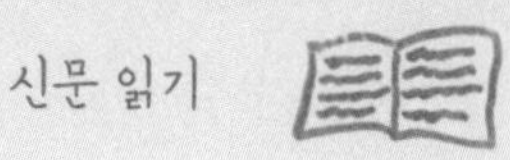

칸을 나눠 사용하는 법

이 포스터는 목표의 각 단계를 직접 설계할 수 있도록 밑면에 표식을 넣었다. 사용법은 다음과 같다.

밑면의 작은 삼각형들 위로 쭉 선을 그으면 상자가 (세 가지 수평적 선택지를 위한) 세 칸으로 나뉜다. 삼각형은 꼭짓점이 위를

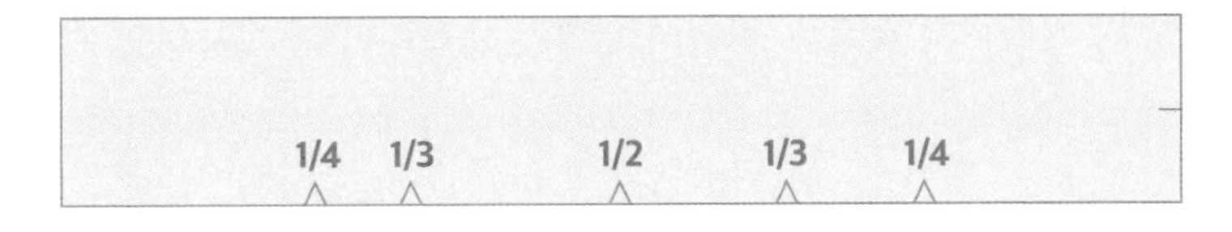

향하고 있어서 직관적이다. 상자를 두 칸으로 나누고 싶다면 가운데 삼각형(1/2로 표시된 점)에서 위로 선을 그으면 된다. 세 칸으로 나누고 싶다면 가운뎃점 양옆에 있는 두 점(1/3로 표시된 점들)에서 위로 선을 그으면 된다. 네 칸으로 나누고 싶으면 가운데 점(1/2로 표시된 점)과 양쪽 바깥에 있는 두 점(1/4로 표시된 점들) 위로 선을 그으면 된다. 상자 오른쪽을 보면 세로축의 중간에도 점이 표시돼 있어서 칸을 더 작게 나눌 수 있다.

이런 과정을 통해 수평적 선택지의 개수를 단계별로 다르게 정할 수 있다.

미니	1	2	3	
플러스	1	2	3	4
엘리트	1	2		

위 그림에서 보듯이, 당신의 탄력적 습관에 맞게 활용하면 된다. 단계별로 수평적 선택지의 개수를 마음대로 늘리거나 줄일 수 있다는 것은 완전히 새로운 가능성을 열어준다!

몇 가지 예를 통해 이 도구가 얼마나 습관 형성에 도움이 되는지 살펴보자.

포스터 작성 예시

단계별로 수평적 선택지의 개수를 늘리거나 줄일 수 있기 때문에 자신의 행동을 원하는 방향으로 유도할 수 있다. 우선 선택지가 하나일 경우 어떤 효과가 있는지부터 살펴보자. 세 단계 중에 한 단계에만 성공의 조건을 하나로 정해두면 굉장히 흥미로운 역동성을 만들어낼 수 있다.

견본 1. 미니 단계를 마지노선으로

이 견본에는 미니 단계의 성공 요건이 한 가지로 정해져 있다. 이것이 바로 마지노선이다. 이 단계의 성공 요건이 셋을 넘어가면 난이도와 의미가 달라진다. 요건이 하나라는 것은 이런 뜻이다. "이 활동을 이만큼 하는 게 내 마지노선이야. 항상 이 정도나 그 이상을 할 거야." 그런 다음 플러스와 엘리트 단계의 선택지들을 활용해서 다른 활동을 더 많이 할 수 있다. 한 가지 활동을 반드시 해야 한다면 이 견본을 참고하라.

일기는 매일 쓰는 게 제일 좋다. 엄청나게 길게 써야 하는 것은 아니다. 한 문장이어도 괜찮다. 그런데 일기는 '자신을 돌아보는 시간'이기 때문에 예전에 써둔 일기를 다시 읽어보는 것도 '일기 쓰기'라는 습관에 포함시킬 수 있다. 그래서 일기 쓰기와 일기 검토를 합쳐서 상위 목표들을 정의했다.

[일기 쓰기]

미니	1문장 쓰기	
플러스	1단락 쓰기	1문장 쓰기 + 일주일치 검토
엘리트	1페이지 쓰기	1단락 쓰기 + 한 달치 검토

견본 2. 플러스 단계를 만능 표준으로

이 견본은 중간 정도의 목표를 제시해준다. 자기가 정해놓은 단계별 선택지들 중에 막상 하고 싶은 것이 없는 경우, 중간 강도의 '만능' 선택지가 있다. 강도가 너무 세지도 약하지도 않은 중간이어서 크게 망설일 일도 없다. 더욱이 당신에게는 언제든 강도를 높이거나 낮출 자유가 있다.

이 견본에는 플러스 단계 선택지가 하나뿐이다. 언제든 가장 먼저, 제일 만만하게 목표로 삼을 수 있는 선택지다. 물론 그 위와 아래에는 상대적으로 더 쉽거나 어려운 선택지도 있다. 이렇게 선택지를 정해두면 매일 꽤 괜찮은 성공을 기대할 수 있다. 휴식이 필요하면 여러 선택지가 주어진 미니 단계로 옮겨가면 된다. 반대로 더 큰 성공을 얻고 싶다면, 역시 여러 선택지가 주어진 엘리트 단계를 실천하면 된다.

다른 것들은 몰라도 헬스장에 가는 습관은 무조건 들여야겠다면, 플러스 단계에 '헬스장 가기' 하나만 정해둔다. 그리고 헬스장에 갈 수 없을 때를 대비해서 미니 단계에 집에서 할 수 있는 운동들을 포함시킨다. 또 헬스장에서 좀 더 강도 높게 운동하고 싶다면 엘리트 단계에 해당 활동들을 포함시킨다. 가령, 헬스장에서 일정 시간 운동을 한다거나 특별한 프로그램을 짤 수도 있고, 집에서 (헬스장에서와 같은 강도의) 활동을 할 수도 있다.

견본 3. 흰고래를 쫓는 흥미진진한 모험

[운동]

미니	팔굽혀펴기 3회	스쾃 10회	스트레칭 2분
플러스	헬스장 가기		
엘리트	홈트레이닝 1시간	헬스장에서 운동 1시간	

소설《모비딕》에서 아합 선장은 모비딕이라는 거대한 흰고래 사냥에 집착한다. 여기서 따온 '흰고래'는 때로는 불가능할 것처럼 보여도 반드시 정복해야 하는 목표다. 흰고래 견본에서는 엘리트 단계가 하나뿐이다. 그것이 바로 당신의 '흰고래'다.

이 견본은 엘리트 단계에서 최대한 자주 성공을 이끌어내기 위해 플러스와 미니 단계의 선택지가 여럿이다. 플러스와 미니 단계 역시 '흰고래' 사냥을 위해 소중한 경험이지만, 여기서 주인공은 누가 뭐래도 흰고래다! 목표가 하나뿐인 다른 습관 전략들도 한 가지 활동을 대단히 중요하게 강조하지 않는가. 엘리트 단계를 거대한 흰고래라고 생각하고 뒤를 쫓으면 아주 특별하고 흥미진진한 모험이 된다.

접근법이나 목표에 따라 건강하게 식사할 수 있는 방법은 무수히 많다. 이 예에서 엘리트 단계는 설탕, 가공식품, 술을 먹지 않는 '클린 데이' 하나다. 대신 좀 더 강도가 낮은 선택지들로 플

[건강한 식단]

단계			
미니	금주	당근 1개 먹기	식단 약간 향상
플러스	저녁 9시 이후 간식 안 먹기	점심에 샐러드 먹기	
엘리트	클린 데이		

러스와 미니 단계를 구성한다.

견본 4. 단계를 구분하지 않는 습관 풀

습관 풀은 중간 강도의 다양한 활동을 어느 한 단계의 선택지로 몰아넣지 않고 커다란 습관 풀에 포함시키는 방식이다. 한 가지 활동을 끝내면 미니 성공, 두 가지 활동을 끝내면 플러스 성공, 세 가지 활동을 끝내면 엘리트 성공이다. 포스터를 습관 풀에 이용하려면, 색이 다른 마커를 사용하여 다른 습관들과 시각적으로 구분해줘라. 아니면 포스터 맨 위에 '습관 풀'이라고 표시할 수도 있다.

습관 풀은 단계를 무시한다. 선택지 중에 무엇이든 하나를 완료하면 미니 성공, 둘은 플러스 성공, 셋은 엘리트 성공이다. 이걸 정말 재밌게 실행하고 싶다면 특정 단계에만 선택지를 하나 정해놓고 나머지는 습관 풀을 활용하면 된다. 예를 들어, 엘리트

[운동 습관 풀]

미니	트레드밀 10분	요가 15분	팔굽혀펴기 25회
플러스	스쾃 20회	턱걸이 15회	윗몸일으키기 40회
엘리트	점핑잭 50회	노래 3곡에 맞춰 춤추기	5,000보 걷기

단계는 헬스장 가기로만 정해놓고, 미니 단계와 플러스 단계만 습관 풀에 포함된 활동을 목표로 한다(하지만 엘리트 단계에서 성공하려면 반드시 헬스장에 가야 한다).

미니	트레드밀 10분	요가 15분	팔굽혀펴기 25회
플러스	스쿼트 20회	턱걸이 15회	윗몸일으키기 40회
엘리트	헬스장 가기		

그밖에 참고할 사항

탄력적 습관 전략은 매일매일의 상황뿐 아니라 자신만의 고유한 생활 방식에 맞게 설계할 수 있다. 선택지는 무한하다.

수평적 선택지(습관 활동)의 수직적 탄력성(단계)을 제한하는 편이 효과적일 때가 있다. 내 경우에 '헬스장 가기'는 항상 엘리트 단계에 포함된다. 일단 헬스장에 가기만 하면 운동을 강도 높게 하기 때문이다. 하지만 이건 어쨌든 내가 헬스장에 갔을 때의 얘기다.

같은 맥락, 다른 관점에서 보면, '새 책 구입'은 내 독서 습관의 미니 단계가 될 수 있다. 흥미로운 책을 사려면 약간의 조사가 필요하기 때문에 조사는 독서에서 빼놓을 수 없는 과정이다. 하지만 조사를 포함한 '책 구입하기'를 플러스 단계나 엘리트 단계에 포함시킬 수는 없다. 읽을 책을 검색하고 구입하는 활동은 책을 2쪽 읽는 것과 난이도가 비슷해서 미니 단계 정도로 인정하는 게 합당하다.

하나의 성공 요건이 세 단계에 모두 똑같이 적용되어야 한다고 부담 갖지 마라. 하나의 성공 요건만 정해주는 게 합리적이고 도움이 될 때만 그렇게 해라!

습관 설계하는 법

습관 포스터를 이용하면 다양한 방법으로 습관을 설계할 수 있다. 습관을 설계하는 방법을 간단히 소개한다.

1 … 일반적인 습관에서 출발하라.

어떤 행동을 습관으로 들이고 싶은가? 운동? 독서? 글쓰기? 일기 쓰기? 청소? 디지털라이프? 취미 생활? 새로운 기술?

2 … 최종 목표를 정하라.

이 습관으로 무엇을 달성할 수 있는가? 이 습관으로 어느 단계까지 도달하고 싶은가? 이상적인 결과는 무엇인가?

3 … 해당 습관에 필요한 필수 과업과 보조 과업을 적는다.

필수 과업의 경우 앞서 보았듯이 한 단계에 하나의 선택지만을 제공해야 한다. 필수 과업은 어떤 습관을 들이는 데 반드시 필요한 활동이기 때문에 다른 선택지 없이 거기에만 집중해야 제대로 효과를 발휘할 수 있다. 보조 과업은 낮은 강도로도 습관을 들이는 데는 도움이 되지만 그것만으로는 부족한 면이 있다.

예를 들어, 기타 연주를 습관으로 들이려면 손가락 훈련이 필수적이다. 세상의 기타 교본을 모조리 읽는다 해도 직접 손가락으로 연습하지 않으면 연주를 할 수 없다! 따라서 음악 이론 공부 같은 것은 보조 과업이 된다.

운동의 경우, 심장 건강을 지키고 체중 관리를 하는 것이 목표라면 유산소운동이 필수 과업이 된다. 이때 다른 유형의 운동들은 보조 과업이다. 반대로 골고루 균형 있게 체력을 단련하고 싶다면 여러 유형의 운동이 필수 과업이 될 수도 있다.

보조 과업은 단계에 상관없이 다른 보조 과업과 짝을 지으면 좋다. 그렇게 자신에게 선택권을 주는 것이다. 아니면 필수 과업과 보조 과업을 짝지을 수도 있다. 정해진 것은 없다. 보조 과업이라도 반드시 어느 수준까지 도달하기로 마음먹었다면 미니 단계에 선택지를 하나만 둘 수 있다. 이런 경우 플러스 단계와 엘리트 단계는 필수 과업에 초점을 맞춘다.

4 … 각각의 선택지에 대해 성공의 요건을 정해라.

미니 단계부터 각각의 선택지를 어느 강도로 해내야 성공한 것으로 할지 정해라. 그다음에 플러스 단계와 엘리트 단계의 선택지들에 대해서도 성공 요건을 정한다. 앞서 살펴봤던 견본들 중에서 당신이 목표로 하는 습관에 효과적인 것이 있는지 확인해라. 어떤 구조가 이상적인지는 당신이 그 습관을 통해 도달하고자 하는 구체적인 목표에 따라 달라진다.

탄력적 습관은 수평적으로 한없이 늘릴 수 있는 구조이기 때문에 대단히 어려워 보일지 모른다. 하지만 그렇지 않다. 이건 정말 쉽다. 그래도 모르겠다고? 그러면 단계별로 성공 요건을 하나씩만 정할 수도 있다. 그게 탄력적 습관의 가장 간단한 버전이다. 단순하게 시작해서 점점 발전시켜나가는 것도 좋은 방법이다. '완벽하게' 시작해야 한다는 부담감에 선택지를 늘리지 마라.

한 달이 다 되어가는데 한 번도 실행해보지 않은 선택지가 있다면 없애거나 바꾸는 것이 좋다.

마지막으로 한 가지 더. 처음부터 모든 것을 알아야 하는 것은 아니다. 탄력적 습관은 과자를 굽는 틀이 아니다. 당신이 습관에 맞추는 게 아니라 습관이 당신에게 맞춰진다. 일단 당신에게 최적화되고 나면, 이렇게 좋은 걸 왜 진작 시도하지 않았는지 자신을 탓하게 될지도 모른다.

자신에게 맞는 탄력적 습관 전략을 알아내는 데는 어느 정도 시간이 걸린다. 그리고 그 과정에서 새로운 아이디어가 새록새록 떠오를 것이다. 탄력적 습관 전략은 당신을 발전시키는 만큼 스스로도 발전해나가는 똑똑한 전략이기 때문이다.

포스터를 출력해서 사용해도 되지만, 직접 만들고 싶다면 화이트보드를 활용하라.

추가적인 활용 팁

'탁 치기' 계약

두 당사자가 서면 계약서를 작성하면, 그 계약은 공식화되고 법적 구속력이 생긴다.

'탁 치기' 계약은 이처럼 당장 어떤 행동을 하겠다는 계약을 나 자신과 맺는 동작이다. 벽에 붙어 있는 습관 포스터를 가볍게 '탁' 치는 간단한 동작으로 계약이 체결된다. 바보 같은 소리라고? 정말 그런지 꼭 한번 해봐라!

방식은 이렇다. 손바닥으로 때리든, 손끝으로 가볍게 튕기든, 어떤 식으로든 포스터와 접촉하면 당신은 목표를 선언한 것이다. 한 번 만질 때마다 목표 단계가 올라간다. 어떤 단계를 달성한 뒤에 그걸 축하하는 의미로 포스터를 칠 수도 있다.

최근에 나는 여러 습관에서 엘리트 단계를 꾸준히 달성하면서 멋진 성과를 올리고 있었다. 그러다 우연히 내가 제일 좋아하는 비디오게임 시리즈 중에 일본어 전용 게임이 영어로 번역되어 나왔다는 사실을 알게 됐다. 나는 너무 신이 나서 이렇게 생각

했다. '한동안 잘 해왔으니까 좀 쉬어도 돼. 이 게임을 하는 동안만 미니 단계를 해야지.'

앞에서도 말했듯이, 습관 활동을 하기 전에 포스터를 '탁' 쳐서 어떤 단계를 실행할지 선언할 수도 있고, 특정 단계를 끝낸 뒤에 축하의 의미로 포스터를 칠 수도 있다. 나는 독서 목표치인 두 쪽을 채우기 위해 윌리엄 진서의 《글쓰기 생각쓰기》를 세 쪽 읽었다. 그렇게 쉽게 목표를 달성한 것이 신난데다가 게임을 하고 싶어 안달이 났다. 들뜬 마음으로 포스터를 빠르게 탁탁 쳐서 그렇게 쉽게 거둔 성공을 축하했다. 탁탁? 아차. 포스터를 두 번 쳤다는 것은 그 책의 한 챕터를 모두 읽어야 한다는 의미였다(두 번은 플러스 단계를 달성하겠다고 계약하는 것이었고, 플러스 단계는 최소한 한 챕터 이상을 읽는 거였다).

상황이 재밌어졌다. 너무 신이 나서 포스터를 두 번 치는 바람에 평소보다 책을 좀 더 많이 '읽을 수밖에' 없게 됐는데, 순전히 내 책임이어서 불평도 할 수 없었다. 포스터와 맺은 계약은 언제나 공정하다. 책임지고 싶지 않으면 포스터를 안 만지면 된다. 하지만 만졌다면 약속을 지켜야 한다.

'탁 치기' 계약은 어떤 습관 활동을 하기 직전에 맺어야 한다. 손으로 포스터를 만졌다면 곧바로 그 활동을 해야 한다. 습관 활동이 달리기라면, 포스터를 치고 몇 분 안에 밖으로 달려 나가야 한다. 포스터를 만졌으니 당신 책임이다. 하지만 자기 자신과의 계약이 당신의 힘을 소진시키기보다는 오히려 힘을 북돋는다는 사실을 깨달을 것이다.

'탁 치기' 계약을 맺을지 말지는 당신의 선택에 달렸기 때문에 당신을 구속하거나 제한하지 않는다. 그 활동을 하고 싶지 않으면 계약을 맺지 마라. 또한 이 계약은 선택적이어서 죄책감이나 수치심, 부담감을 느낄 일이 없다.

수많은 사람이 썼듯이, 화이트보드든 달력이든 어딘가에 자신의 계획이나 의도를 적으면 도움이 된다. 그런데 '탁 치기' 계약은 이를 한 차원 업그레이드해준다. 이유는 이렇다.

자신의 목적이나 계획을 화이트보드에 적으면 그 목적이나 계획을 확인하기에는 충분할지 모른다. 하지만 그 목적이나 계획을 도장 찍듯이 '확정'지으려면 몇 단계를 거쳐야 한다. 왜 그럴까? 우리는 뭔가를 적는다고 해서 그걸 반드시 하지는 않는다. 무엇을 적었다고 그것이 이행된다는 보장은 없다. 법적 구속력이 있는 계약과는 완전히 거리가 멀다. 또 다른 문제는, 우리가 화이트보드에 적힌 '책 한 쪽 읽기'라는 말을 보고, 그 말이 책 한 쪽을 읽을 계획이라는 의미임을 의식하지 않는 한, 그 말에는 아무 의미가 없다. 의미를 부여하는 일이 여전히 남는다는 얘기다.

'탁 치기' 계약은 당신의 의도에 강력한 힘을 실어줄 기회다. 포스터에 눈이 가는 순간, 당신은 그 포스터가 당신에게 무엇을 하라고 제안하는지 안다. 그래서 포스터를 만지면, 아니, 열정적으로 '탁' 치면 당신의 뇌는 그 행동이 정확히 어떤 의미인지를 파악한다. 계약 완료다. 이제 실행할 차례다.

계약 트롤 (통행료)

습관 포스터를 사용하는 방법이 하나 더 있다. 계약 '트롤troll'로 쓰는 거다. 계약 트롤은 다리 위에서 지나가는 사람들한테 통행료를 받는, 북유럽 신화의 트롤에서 따온 것이다. 우리 집 욕실 문에는 간이 철봉이 설치돼 있다(이것 때문에 문이 안 닫히지만 난 혼자 살아서 상관없다). 그래서 화장실을 나갈 때마다 최소 턱걸이 2회(아니면 팔굽혀펴기 5회)를 '통행료'로 해야 한다. 화장실에 들어갈 때가 아니라 나올 때 턱걸이를 하는 이유는 화장실이 급한 상황에서 턱걸이를 먼저 해야 하는 방식은 곤란하기 때문이다.

특정 행동으로 '통행료'를 내야 하는 곳을 여기저기 정해두어라. 팔굽혀펴기나 턱걸이 같은 운동이 좋지만 다른 기발한 아이디어를 낼 수도 있다. 가령, 냉장고 문을 열거나 주방에 들어갈 때마다 통행료로 물을 마실 수도 있다. 근처에 작은 컵을 두고 재빨리 물을 부어 마시는 거다. 물 마시는 양을 늘리는 쉬운 방법이다.

키트 3

탄력적 습관 추적기

[습관 추적기]

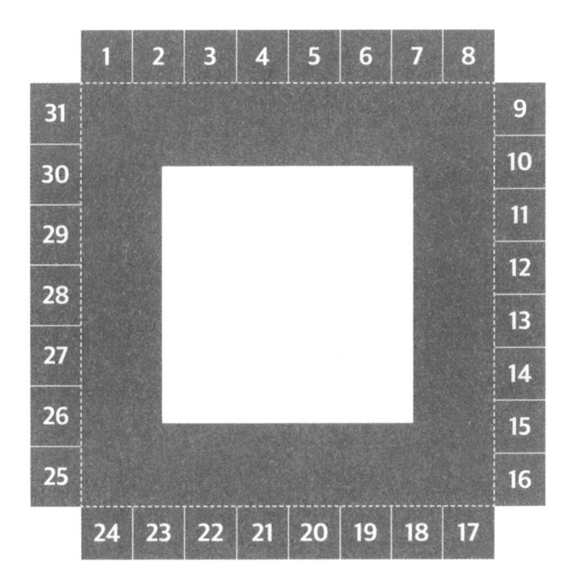

습관 추적기는 다용도로 쓸 수 있는 습관 추적 장치다. 탄력적 습관과는 별개로, 추적이 필요한 다른 습관에 사용한다.

습관 추적기는 중앙의 사각형 주위로 1부터 31까지의 숫자가 적힌 띠가 빙 두른 모양이다. 이 띠를 뒤로 접어서 해당 숫자 또는 날짜에 습관을 완료했음을 나타낼 수 있다.

가운데 빈 상자에는 무엇이든 채울 수 있다. 귀여운 아기 공룡을 그려서 흥미진진한 고생물학 연구를 나타낼 수도 있다. 광고하고 싶지 않은 나쁜 습관과 연관된 거라면 암호화할 수도 있다 (내 습관추적기에는 '자유'라고 적혀 있다. 나쁜 습관을 자제함으로써 내가 얻게 될 자유 말이다).

습관 추적기를 사용하는 다섯 가지 방법

1. 한 달 동안 습관 추적하기

모든 달은 최대 31일까지 있다. 따라서 띠에 적힌 숫자는 해당 날짜에 대응될 수 있다. 한 달 내내 하루도 빠뜨리지 않고 목표를 달성하면 추적기는 완벽한 사각형이 돼 있을 것이다!

이 방법으로 좋은 습관이나 나쁜 습관을 추적할 수 있다. 좋은 습관을 추적할 경우, 성공한 날에 띠를 접는다. 습관 추적기는 목표의 난이도를 표시하는 수직성 유연성이 부족하기 때문에 양치질하기나 치실 사용하기처럼 '했음/안 했음'으로 성공 여부가 결정되는, 어렵진 않지만 중요한 습관에 사용하는 게 좋다.

나쁜 습관을 추적할 경우, 나쁜 습관을 하지 않은 날에 띠를 접는다.

온종일 설탕을 추가로 먹지 않았다고? 그럼 띠를 접어라! 습관 추적기로 추적하기 쉬운 습관은 외식, 흡연, 음주, 2시간 이상 소셜미디어 하기 같은 나쁜 습관들이다. 습관 추적기는 시각적이어서 나쁜 습관을 끊는 데 활용하면 만족감이 훨씬 커진다.

나는 매일 아침에 눈뜨자마자 어제 하루를 돌아본다. 나쁜 습관을 피했으면 띠를 접는다. 이건 좋은 습관을 추적할 때와 같다. 실패했으면 띠를 그대로 두거나 처음부터 다시 시작해도 된다. 다시 시작할지 말지는 그 습관이 무엇이냐에 달렸다. 나쁜 습관을 끊기는 쉽지 않기 때문에, 실수 한 번 했다고 포기하는 대신 (실수를 받아들이고) 한 달 동안 며칠이나 성공했는지 확인하는 식으로 시도해볼 수도 있다.

아니면, 자기 자신과 미리 약속하듯, 미리 띠를 접어놓고 하루를 시작할 수도 있다. 성공하면 그대로 두고, 실패하면 원래대로 편다(접은 채로 두고 싶은 마음 때문에 더욱 동기부여가 된다).

2. 아무 때나 시작할 수 있는 (좋은 또는 나쁜 습관의) 연속성 추적

1번 띠부터 시작하려고 매달 1일을 기다릴 필요는 없다. 어느 날짜든 시작한 날이 '첫째' 날이다. 난 이런 식으로 습관추적기를 사용한다. 단, 탄력적 습관 시스템은 좋은 습관에 사용하고 습관

추적기는 나쁜 습관에 활용한다. 이미 그달의 16일이어도 당장 그날부터 습관을 추적할 수 있다.

3. '했음/안 했음'으로 구분되는 행동 추적하기

패스트푸드를 먹거나 술을 마시는 것처럼 완전히 끊지는 않아도 적당히 하고 싶은 행동이 있다. 아니면 완전히 끊는 것이 최종 목표지만 당장은 그러고 싶지 않을 수도 있다. 나쁜 습관을 하지 않은 날에는 띠를 접고 그러지 못한 날에는 띠를 그대로 둔다. 31일째 되는 날 해당 행동을 얼마나 많이 했는지 (또는 안 했는지) 확인할 수 있다.

이 방법은 좋은 습관에도 효과적이다. 매일 하고 싶지는 않거나 그럴 필요가 없지만, 그래도 매일 실천하는 것이 제일 좋은 행동을 목표로 정해라. 내 경우라면 '샐러드 왕창 먹기'가 그렇다. 건강에는 정말 좋지만 그렇다고 하루에 한 번씩 샐러드를 먹고 싶지는 않다. 그래도 좀 더 자주 먹는 방향으로 나 자신을 격려하고 싶기 때문에 습관 추적기로 추적하면 좋을 것이다. 또 내 치과의사는 치실을 좀 더 자주 사용하라고 권하지만 난 개인적으로 치실을 매일 사용해야 한다고 생각하지 않기 때문에 치실을 사용하는 날도 습관 추적기로 추적할 수 있을 것이다.

4. 횟수와 '회차' 세기(하루 단위)

우리 집 욕실 문의 미니 철봉 바로 옆에는 습관 추적기가 있다. 나는 매일 틈날 때마다 몇 개씩 턱걸이를 나눠서 하는데, 몇 번이나 했는지 기억하지 않고 대신 습관 추적기로 센다.

방법은 이렇다. 턱걸이 첫 세트를 여덟 번으로 시작했으면, 여덟 번째 띠를 접는다. 나중에 네 번을 더 하면, 여덟 번째 띠를 원래대로 펴고 열두 번째 띠를 접는다. 사각형을 한 바퀴 다 돌면, '한 바퀴' 돌았다는 의미로 1번 띠를 접는다. 그러다 보면 너무 재밌어서 습관추적기를 쓰지 않을 때보다 턱걸이를 더 많이 하게 된다. 어떤 때는 턱걸이를 100개씩 하기도 하는데, 100개면 추적기의 사각형을 세 바퀴(93개) 돌고도 일곱 번이나 더 하는 것이다.

5. 횟수 세기(주 단위 또는 월 단위)

당근을 더 많이 먹고 싶긴 하지만 매일 먹을 필요는 없다고 생각할 수도 있다. 어제는 세 개를 먹었지만, 오늘은 한 개도 안 먹는 식이다. 이럴 때 습관추적기로 한 달(일주일 또는 자신이 원하는 기간 동안)에 (온전한 크기의) 당근을 얼마나 먹었는지 셀 수 있다. 턱걸이와 마찬가지로, 지금까지 먹은 당근의 개수에 해당하는 띠를 접기만 하면 된다. 하지만 당근을 하루에 40개씩 먹지는 않기 때문에 매일 세는 대신, 1주 또는 한 달, 아니면 당신이 적당하다고 생각하는 기간을 정해 개수를 세면 된다.

결론 및 DIY 아이디어

습관추적기는 무엇이든 추적하고 셀 수 있다. 무엇보다 재사용이 가능하다. 31일이 지나면 한 달이 끝났다는 표시를 하고 새로 시작할 수 있다.

자기식으로 습관추적기를 만들고 싶은 사람들에게 귀띔하자면, 습관추적기 아이디어는 전봇대에서 흔히 볼 수 있는 전단에서 얻었다. 아랫부분에 전화번호를 죽 적어놓고 가위질을 해두어 아무나 떼어갈 수 있는 전단 말이다. 종이 한 장을 31개의 칸으로 나눠 번호를 써넣고 거의 끝부분까지 자른 다음 특정 습관을 실천하거나 실천하지 않으면 찢어내는 것도 방법이다. 직접 그려서 만든다면 조금 더 번거롭기는 하겠지만, 그래도 그만한 가치는 있다!

《탄력적 습관》을 읽어줘서 고맙다! 이 전략과 도구들에 대해 더 많이 알고 싶다면 minihabits.com을 방문해보시라.

이 책이 중요한 메시지를 담고 있다고 확신한다면 부디 후기를 남겨주기 바란다. 후기 하나하나가 책을 읽으려는 다른 사람들의 의지에 막강한 영향을 미친다. 이 전략이 당신의 삶을 바꿨다면, 그 이야기를 전함으로써 당신도 다른 사람들의 삶을 바꿀 수 있다.《습관의 재발견》이 그 증거다. 독자들이 후기를 남기고 자신들의 이야기를 공유해준 덕분에, 이제 전 세계 사람들이 그 책을 읽는다! 이제는 탄력적 습관의 메시지를 널리 알릴 수 있도록 나를 도와주겠는가? 온 세상이 들을 수 있도록!

주석

1_ A Closer Look at How Vultures Lazily Circle in the Air (2019). https://www.audubon.org/news/a-closer-look-how-vultures-lazily-circle-air-1

2_ Discipline vs. Self-Discipline, what's the difference? (2019). https://medium.com/@CMAHCA/discipline-vs-self-discipline-whats-thedifference-3371ada3151e

3_ Shugart, C. (2019). All Muscle, No Iron. T Nation. Retrieved from https://www.t-nation.com/training/all-muscle-no-iron

4_ Shugart, C. 같은 자료.

5_ Huang, S., Jin, L., & Zhang, Y. (2017). Step by step: Sub-goals as a source of motivation. Organizational Behavior and Human Decision Processes, 141, 1–15.doi: 10.1016/j.obhdp.2017.05.001

6_ Man tries to kiss snake, then gets bitten (2019). Retrieved from https://www.bbc.com/news/world-us-canada-39956904

7_ 손자. 《The Art of War》 (2015) (Chiron Academic Press–The Original Authoritative Edition) (40-41쪽). Wisehouse. Kindle Edition.

8_ 손자, 같은 자료. (40쪽).

9_ 손자는 마지막에 최고의 조언을 남겨놓았다. 손자는 말한다. "포괄적인 지시가 군주의 역할이고, 전투에 대한 결정은 장수의 역할이다." 손자. 같은 자료. (41쪽).

10_ Schwartz, B. The Paradox of Choice [Video]. Retrieved from https://www.ted.com/talks/barry_schwartz_on_the_paradox_of_choice?language=en

11_ Group, E. (2019). EWG's 2019 Shopper's Guide to Pesticides in Produce™. Retrieved from https://www.ewg.org/foodnews/summary.php

12_ Blumenthal, J., Smith, P., & Hoffman, B. (2012). Is exercise a viable treatment for depression?. Retrieved from https://www.ncbi.nlm.nih.gov/pmc/articles/PMC3674785/